U0469345

我就想静静地教书

顾文艳 著

中国人民大学出版社
·北京·

我不能选择那最好的。
是那最好的选择我。

——［印度］泰戈尔《飞鸟集》

目录

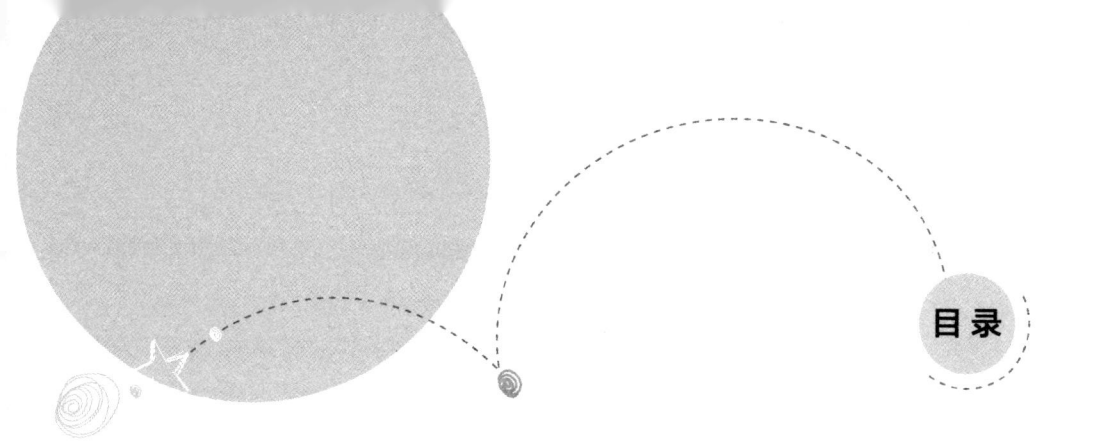

推荐序 静静地教书，默默地生长　袁振国 / 1
自　序 九月，让我们种下一棵树 / 3

第一辑　童年不能没有诗

童年不能没有诗 / 8
有时候，让脑洞大开只需要一首诗 / 12
春天在哪里 / 19
梦之赞 / 24
太阳去哪儿了 / 31
印　章 / 38
雨天的歌 / 43
"老师，我送你两首诗" / 49
十八次拥抱 / 53
难忘一朵花的幸福 / 57
我们爱过，不会忘记 / 63

第二辑　识字的快乐

识字的快乐 / 70
红圈圈蜜一样甜 / 73
爱的摇篮曲 / 76
还你一个新鲜的秋天 / 80
明天会更好 / 85
我们的小巴掌童话 / 90
"老师，请再读一遍" / 94
你们，就是"神奇" / 98
周末"静时光" / 105
静静地教书，悄悄地甜蜜 / 108

第三辑　珍惜孩子的光

珍惜孩子的光 / 112
只拣儿童多处行 / 114
"我来试一试，好吗" / 118
糊弄孩子，你敢吗 / 121
秘密约定 / 124
"你还会来吗" / 127
让我抱抱你 / 131
最遥远的距离 / 134

第四辑　哪怕只是点亮一盏灯

哪怕只是点亮一盏灯 / 138
勇气就是勇气 / 142
春天，遇见良师 / 146
怎样面对沉默的大多数 / 151
示弱的学问 / 154
特殊的考卷 / 157
当众人离席…… / 159

第五辑　温暖的邂逅

温暖的邂逅 / 162
诗歌，是童年的光 / 167
真正的活，只有一回 / 170
那些流过的泪 / 173
关于生命的寓言 / 175
相遇，在灵魂的平原 / 180
期待下一个奇迹 / 183

第六辑　理想的家庭教育

理想的家庭教育 / 188

云中谁寄锦书来 / 192

谁是时间的主人 / 195

影院见闻杂感 / 198

赢了比赛，输了什么 / 201

后　记 / 205

推荐序

静静地教书，默默地生长
/ 袁振国 /

《我就想静静地教书》，由这本书的书名散发出的"静静的气息"，和顾文艳的气质是很吻合的。

顾文艳是我家乡江苏省泰州市卓越教师培训班的首届学员，我给这个班上过课。二〇一四年二月结业答辩时，我听过她的读书报告和童诗教育的汇报。我感动于她对教育的用心，她的童诗教育很有特色。同年，她被评为"江苏省特级教师"。她没有像很多特级教师那样，成为特级教师后就离开教学一线。这六年来，她一直带班，安安静静地教书。

《我就想静静地教书》分为六辑。"童年不能没有诗"撷取了顾文艳十二年的童诗教学时光中的一些片段，童诗教学是她语文教学过程中最具特色和创造力的内容，也是她和学生沟通的一个桥梁。"识字的快乐"讲述的是顾文艳的语文课堂上发生的鲜活的故事，是她和她的学生过着的语文生活。"珍惜孩子的光"记载的是师生间的交往，在她的文字里流淌着教师对儿童的理解与爱。"哪怕只是点亮一盏灯"记录了教育现场的见闻，阐释了她对儿童教育、语文教育的理解。"温暖的邂逅"收录了她的读书笔记，她是热爱阅读的，阅读丰富了她的精神生活，也丰富了她的课堂。"理想的家庭教育"是她对家庭教育的思考，她是一位理解学生的教师，也是一位理解儿子的母亲。她的儿子二〇一八年考入北京大学中文系，参与了这本书的选稿和校对工作。

顾文艳的文字柔软而细腻，文如其人，教如其人，做她的学生是幸福的。她倾听儿童的心声，是走进儿童生命的"重要他人"；她以诗教育人，在儿童的心田播下诗的种子，播下真善美的种子；她热爱阅读，热爱写作，这份热爱深深影响着她的学生。

从江苏到上海，顾文艳依旧守在教学一线，带一个班，静静地教书，和她的学生一起默默地生长。她以自己的一言一行诠释着她的教育信条：以爱期盼，以美润泽，以静守候。

（袁振国，华东师范大学终身教授、博士生导师，现任华东师范大学教育学部主任。）

自 序

九月，让我们种下一棵树

记得我第一次带孩子们读《新新的九月》，是在二〇一二年。那一年九月，我第一次带一年级，我是一年级六班的语文老师。

第二次带孩子们读《新新的九月》，是在二〇一六年。那一年九月，我第二次带一年级。我还是一年级六班的语文老师。

这两个六班，我都带了三年。

二〇一九年九月一日的清晨，走进华东师范大学第二附属中学前滩学校的校门时，我莫名想起这首诗，莫名想起和孩子们一起读《新新的九月》时的情形……

对于我来说，我也将迎来一个新新的九月：新新的课本，这是我第一次使用统编版的新教材；新新的同事，我不能叫出他们的名字，却能记住他们的笑脸；新新的校园，新新的宿舍，新新的道路，新新的城市；一切，都是新的开始……

新学期的教职工会议九点开始，会议结束后，我翻开会议记录，看到这样一句话："我能为学校做什么？我该怎么做？"

我还想问自己："我能为学生做什么？我该怎么做？"

多年前华师大二附中提出的育人理念"五育并进，健康第一"与《关于深化教育教学改革全面提高义务教育质量的意见》中的"坚持'五育'并举，全面发展素质教育"的育人理念是不谋而合的。的确如此，如果连身心健康都得不到保证，何谈学生的教育？何谈学生的发展？

会议结束后，我翻看随身携带的一册小书——《既见君子》，书中引用了钟永丰所作的歌词——《种树》。

种给离乡的人
种给太宽的路面
种给归不得的心情

种给留乡的人
种给落难的童年
种给出不去的心情

种给虫儿逃命
种给鸟儿歇夜
种给太阳找那个影子跳舞

种给河流乘凉
种给雨水歇脚
种给南风出来唱山歌

读这首诗前面几小节的时候，会有想要落泪的感觉；读到最后一行，我仿佛听到了风儿在歌唱……

其实，每一位师者，又何尝不是种树人？我们把树种在学生的心田，种在学生的生命里……

我们种下诚实、友善，种下关爱、温暖。我告诉过我遇见的每一位学生：我们要爱自己、爱他人、爱世界。

我们种下踏实、勤勉，种下成长、希望。我要让我遇见的每一位学生相信：每一滴汗水，都会反射出七彩光芒；每一次努力，都能让自己离美好更近一点儿。

我们种下对生命的热爱，对美的渴望。我要让我遇见的每一个孩子都拥有仰望天空中美丽的云彩、凝视溪水中微波涟漪的闲情雅致；拥有在四季更替中感受花草树木细微变化的明亮的眼睛、细腻的心思；尊重每一个生命，哪怕弱小如蝼蚁……

新新的九月，让我们都成为种树人吧！让我们相信，今日种下的每一棵小小树苗，终将长成参天大树，这一棵棵大树，会在风中唱出动听的歌……

第一辑

童年不能
没有诗

童年不能没有诗

周日清晨,我收到了逸宸给我的语音留言:"顾老师,看到满地的银杏叶,我突然想到你带我们捡落叶,在落叶上写诗歌。顾老师,我想你了……"

逸宸的留言带着我回到了去年的秋天,那时教学楼前的银杏叶金黄金黄。我带着孩子们在树下捡落叶,捡诗句,让他们把秋天写在树叶上。

中午,我收到了若宁妈妈发来的喜讯,若宁入选2019年"中国100名优秀少年诗人":"谢谢顾老师一直以来对若宁的引领和指导,若宁小小成绩以慰顾老师多年付出,谢谢永远的顾妈妈!"

我打开获奖链接,阅读着若宁的一首首小诗,分别是有趣的《上学游戏》,优美的《晚夏》,充满哲思的《偶得》。

上学游戏

/夏若宁/

早上出门,来一场上学游戏
巧妙地躲过每一个障碍物
左转,躲避堵着的汽车
右转,逃脱穿行的电动车
踩油门,追上匆忙的行人
点刹车,躲过隔离栏
右滑动,进入畅行轨道
尽可能多多收集绿灯"金币"

获得双倍时间积分

我们是闯关的"汽车跑酷"

左躲右闪

全力冲刺

到达学校

这局游戏

我们赢得

利落漂亮

晚　夏
/ 夏若宁 /

落英缤纷

黄花满地

幽幽虫鸣

树影朦胧

月光婆娑

恰一个假期悠长

偶　得
/ 夏若宁 /

小时候

我一直以为电线杆是最高的

长大后

我发现电线杆其实是小孩子

高楼才是妈妈

人类是粒种子

我读着若宁的诗，仿佛看到若宁就站在我面前，忽闪着她的大眼睛，笑盈盈地看着我。她的马尾辫蹦蹦跳跳，她总是那么快乐。正如若宁妈妈所言："顾老师给孩子们的不只是诗歌，还有一颗热爱生活的心。"

　　清晨，我批阅着孩子们的小诗，又一次被孩子们的作品惊艳。

雾
/ 褚天泽 /

一朵云
在做伸展运动
12345678
22345678
…………
哦！
它胳膊伸得太长
一不小心
把地球抱了起来

地球的婚纱
/ 褚歆然 /

我记得
周六要参加地球和太阳的婚礼
可是
我忘了给地球做婚纱
到了周六我才想起来

但是
我看见地球穿上了婚纱

不不不
这不是婚纱
而是雾

雾孩子
/ 周子墨 /

雾
是云朵妈妈
忘记照顾的孩子

清晨
它们在山中玩耍
在大楼间穿梭
在树林里游荡

太阳公公一出来
它们吓得
一溜烟跑了

  童诗教学的目的不是培养小诗人，而是引导孩子们用聪慧、稚嫩的眼睛去观察事物，用细腻、敏感的心灵去感受事物。天际的一缕流云，四季的更替，花开花又谢，只要有一颗诗意的心，怎会感受不到世间万物蕴藏的诗意呢？童年不能没有诗！

有时候，让脑洞大开只需要一首诗

"日本人往往把悲伤当作一种美。一位日本诗人曾经说过：万物都是悲伤的。爱在古典日语中也有悲伤的意思。"在一篇文章中读到这段话时，我不由想起日本童谣诗人金子美玲和她的诗。

金子美玲的诗带着一种淡淡的悲伤。美国诗人谢尔·希尔弗斯坦的诗却总是让人不自觉地笑出声来。读谢尔的诗给孩子们听，诗句常常被淹没在一片笑声中。

热
/谢尔·希尔弗斯坦/

热！
我喝了柠檬水一大缸，
可就是一点儿也不觉得凉！
我想我该把鞋子脱光，
坐在树荫下乘凉。

热！
衣服粘在我的背后，
汗水顺着我的脸往下流。
我想我该把我的衣服脱光，
坐在我的皮里乘凉。

热！
我打开电扇吹风，
到池子里面游泳，
还吃了冰激凌圆筒。
我想我该把我的皮脱下，
坐在骨架子里面乘凉。
还是热！

多年前，我在参加一个童诗教学研讨活动时，子鱼老师曾经把这首诗读给学生听，那句"坐在骨架子里面乘凉"，就这么一直深深地印在了我的脑海里。

当我把这首诗投影在屏幕上时，孩子们读着读着就不由得笑出来："这也太夸张了吧！"

"是的，这首诗的确很夸张，你能不能也用上夸张的方法，写一写冷、困、累、酸、辣、甜？"

孩子们拿出纸笔，有的唰唰唰奋笔疾书，有的默默握笔沉思。我在行间边走边看。薛涵兮第一个交上诗作。

冷

/ 薛涵兮 /

这里
太冷了

我趴在暖气上
还感觉
身体像冰一样
好冷——

我想把房子盖在身上

真冷——
我真想
打个洞钻到地下

但是
还是好冷

同样是写冷,尹煦的诗更是夸张。

冷
/ 尹煦 /

冷!
我把家里所有的肉都吃了
长得很强壮
还是冷!

冷!
我把家里所有衣服穿上
还是冷!

冷!
我到火锅里游个泳
还是冷!

我骑在太阳上

可还是冷!

当我告诉薛涵兮,尹煦比他写得还要夸张时,他很急切地想要读读尹煦的诗。涵兮读完以后,笑着说:"真的很夸张,比我的冷还要冷。"

我看着涵兮微笑着赞叹同学的诗作,觉得那一刻特别美好!

困
/ 徐奕辰 /

困!
我在我脸上拍了一巴掌
差点儿就摔了一跤
还是困!

困!
我不停地在床上翻跟头
差点儿就把脖子扭断了
还是困!

困!
我把头发吊在天花板上
差点儿就把头发拔掉了
还是困!

读到这首诗的最后一小节时,我不由得想起"头悬梁"的故事。昱菲写的也是困,同样很有趣!

困
/ 王昱菲 /

困！
喝了一池的咖啡也不够

困！
周围着火了都没感觉

困！
已经快掉到老虎的嘴里了
还是困

难道我要把我自己压在大山下
才不困吗？

昱菲的这首诗中，藏着很多故事呢。孩子们前段时间刚刚学过《雪孩子》，文中的小白兔就是困得屋子着了火都不知道。昱菲用了一个反问句作为这首诗的结尾，显得很特别呢！

辣
/ 陈立慜 /

辣！
我的舌头通红
喝了十瓶冷水

辣！
我吃了几个冰激凌

在舌头上放了一块冰

辣!
我的脸红得像一个火球
流的眼泪像瀑布

辣!
头发都快要炸开了
我把舌头给拔了
还是很辣!

"头发都快要炸开了,我把舌头给拔了",这样的诗句真的是神来之笔呀!是不是有"坐在骨架子里面乘凉"那句诗的味道呢?读着立慈的这首诗,从不吃辣的我,似乎舌尖上也冒出了一团火……

甜
/ 褚歆然 /

真甜!
我吃过世界上最甜的糖
但也没这块蛋糕甜
好甜!

我向蛋糕店老板问好
他给我一包白糖
我把白糖扔进大海
整片海洋都会变甜

大海里加了糖
海水还是又苦又咸
我有满怀的希望
可结果总是让人失望

  歆然的这首诗给了我很多惊喜，诗中有两次反转，"我"向蛋糕店老板问好，是想再得到一块儿最甜的蛋糕，可老板偏偏给"我"一包糖。"我"把糖倒入大海，是想让整个海洋变甜，可海水却还是又苦又咸。这首小诗还押韵呢，读起来朗朗上口，的确是一首很棒的诗哦！

  一首谢尔的《热》，换来了孩子们这么多佳作。有时候，让脑洞大开，真的只需要一首诗。

春天在哪里

春天在哪里呀?
春天在哪里?
春天在那青翠的山林里。
这里有红花呀,
这里有绿草,
还有那会唱歌的小黄鹂。

"70后"的我们是唱着这首《春天在哪里》长大的,每当春天来临时,那熟悉的旋律就会蹚过岁月的河流,一直萦绕在我们耳边……

而谢武彰的小诗《春天在哪里》,也是每年春天我送给孩子们的礼物。

春天在哪里
/ 谢武彰 /

风跑得直喘气
向大家报告好消息
春天来了,春天来了

花朵站在枝头上
看不见春天
就踮起脚尖,急着找
春天,在哪里

春天在哪里

花，不知道自己就是
春天

诵读谢武彰的这首《春天在哪里》时，有的孩子学着风跑得呼呼喘气的模样；有的孩子把小手拢成喇叭状，欢呼着"春天来了，春天来了"；还有的孩子像诗中的花朵一样踮起脚尖，四处张望，焦急地询问"春天在哪里"。

孩子们把自己想象成春天的那阵风，那朵花，他们表演着，诵读着，如痴如醉……

春天不只在歌声里，不只在童诗里，春天还在我们的校园里。

每到春天，我就会带着孩子们在校园里走一走，寻找属于我们的春天……

一个温暖的春日，我带着孩子们来到教学楼前开满花的红梅树下，孩子们一个个仰起小小的脸蛋。

"这棵开花的树，让你想到什么了？"

"这棵树穿着粉紫色的纱裙。"

"像喷泉，喷出的是一朵朵花。"

"像过年时放的烟花。"

…………

孩子们的想象总让我惊艳，每个回答都富有诗意！

"蜜蜂来了！"有孩子喊道。

我顺着孩子们手指的方向，果然看到一只小蜜蜂在花朵间忙碌着。在这春寒料峭的日子里，竟然有蜜蜂？若不是亲眼所见，我也无法相信呢！

"这只小蜜蜂飞来飞去，在干什么呢？"

"每一朵花都是一张床，蜜蜂想试一试，哪张床最软，哪张床最香。"

"蜜蜂是歌手，她在寻找一个最漂亮的舞台。"

"蜜蜂在逛街呢，每一朵花都是一家店，她到这家看看，又到那家看看，就像我妈妈一样。"

孩子们的诗不仅有天马行空的想象，还有自己的生活哦！

看过梅花，我们又去了菜园。没想到，竟然看到了盛开的油菜花。

"油菜花好像一支支黄色的蜡笔插在菜地里。"

我从没听过这样的比喻，这一支支蜡笔会画出一幅怎样的画呢？

"萝卜，这里有大萝卜！"孩子们大概是第一次见到长在地里的萝卜吧，那份惊喜溢于言表！

"拔萝卜，拔萝卜，嗨呦嗨呦，拔萝卜！"不知是谁唱起《拔萝卜》这首儿歌，很快，独唱变成了合唱，孩子们一边唱一边表演着拔萝卜。

孩子们的笑脸，真是比春日的暖阳更灿烂！

赏花归来，一首首诗的花朵就这样悄悄开放了。

逛　街

/ 张嘉琳 /

蜜蜂在逛街

一朵花就是一家服装店

穿穿这条裙子

试试那件毛衣

就像我妈妈

逛街逛得忘了回家

读着嘉琳的小诗，孩子们都笑了。

"我妈妈也是哦，很爱逛街呢！"有的孩子小声地说着。大家在同伴的诗中，读到了自己熟悉的生活，这是多么有意思的事呀！

一首好的诗一定有"独特的发现"。嘉琳把一朵朵花想象成一家家服装店，这就是"独特的发现"！

同样是看到蜜蜂在梅花树上飞来飞去,若宁却有另一番想象。

挑　床
/夏若宁/

一只挑剔的蜜蜂
它睡了一张又一张
花朵床
哪张床最软
哪张床最香
它挑来挑去
从早上一直挑到晚上

"这个挑剔的蜜蜂,是在哪里挑床啊?"我问孩子们。
"蜜蜂在卖家具的大商场里。"
"蜜蜂是在宾馆里挑床呢!"
…………
孩子们的回答,总是那么富有童趣!
　当我把这一首首小诗投影在屏幕上时,我问孩子们:"在你们眼中,这棵开花的梅树,又像什么呢?"
"像是一幢新楼房,蜜蜂正在挑选新房子呢!"
"像很大很大的棒棒糖,蜜蜂、蝴蝶都要来舔一舔。"
…………
孩子们的想象力,永远让我自叹不如!

做　客
/李玉/

梨花请客

蜜蜂高兴地去了
杏花请客
蜜蜂高兴地去了
梅花请客
蜜蜂高兴地去了
蜜蜂
天天忙着做客

棒棒糖
/ 姚可昕 /

每一棵梅树
都是一根棒棒糖
蜜蜂来舔舔
蝴蝶来舔舔
我也来舔舔
真的好甜

春天
你也要舔舔吗

读着孩子们的一首首小诗，我的耳边又传来了熟悉的旋律。

春天在哪里呀？
春天在哪里？
…………

春天就在孩子们的小诗里。

梦之赞

在中午的童诗社团课上,我告诉孩子们,我曾梦见窗外的树上挂满了星星,还是淡蓝色的星星。我问:"你们可以讲讲你们做过的梦吗?"

孩子们一个个举起手来,纷纷讲述自己做过的梦。

接着,我给孩子们朗读了1996年诺贝尔文学奖获得者、波兰女作家维斯瓦娃·辛波斯卡的《梦之赞》,并对诗中的"维梅尔"和"亚特兰提斯"作了简单的介绍。元浩和家乐竟然是知道"亚特兰提斯"的,看来孩子们这几年来还真的读了不少书。

"大家可以像这首诗一样,写写自己的梦吗?把自己那些离奇的梦境写下来吧。"

第一个写完的是陶孜,她的初稿是这样的。

梦

/ 陶孜 /

我梦见
我变成果实
挂在了树上

我梦见
我可以
把球踢到太空去

我梦见
我从一万层的高楼跳下去
也不会受伤

"写得很好呢，不过，如果你能给这首诗加个结尾就更好了。"
陶孜写了几个结尾，我们俩都觉得不太满意。最后，她写下了这两句。

在梦中
我是多么伟大

"这个结尾真好！"我向她竖起大拇指。她开心地笑了，粉红的小脸儿如同盛开的蔷薇。

梦之赞
/ 唐语晗 /

在梦中
我变成了叶子
从树上落下来

在梦中
我变成了山
看到了世界有多大

在梦中
我多么伟大

语晗听到我夸陶孜的结尾写得好，便也用了这个结尾。我说："别人用过的结尾,就不可以再用了,自己再去想想吧。"

语晗托着下巴想啊想啊:"顾老师,我可不可以写梦给了我灵感?"

"当然可以呀!"

于是,语晗在这首诗的末尾写下这几句。

梦
给了我灵感
有了梦,就有了诗

依霖的诗的题目也是"梦之赞",她的初稿是这样的。

梦之赞
/ 蔡依霖 /

在梦中
我能飞到北极

在梦中
我能变成死神

在梦中
我能让大人变成小孩儿

在梦中
我能让花朵变颜色

在梦中
我能长得比树还高

我问依霖："你可以把每一行的第二句诗再接着写下去吗？比如，我能飞到北极，飞到北极之后可以干什么呢？"

依霖会意，捧着本子回到了自己的座位。等我巡视了一圈，回到她身边时，她的诗稿就已经比较完整了。

添加的这几句诗中，我最喜欢那一句："我能让大人变成小孩，让大人也一起学习。"现在最辛苦的就是孩子了，他们每天都要学习，连休息日都奔波在各个培训机构之间。依霖这首诗的结尾让我读到一份无奈。

但是
梦只是一个想象
其实
实际不是这样

是的，大人还是大人，小孩还是小孩，小孩还得面对上不完的课，做不完的作业……

雨晨把她的诗交给了我。

梦

/余雨晨/

在梦里
吃多少糖
都不会牙疼

在梦里
能考上清华

在梦里

我长得很胖

　　在梦里
　　手一抬
　　东西就会飞

　　在梦里
　　去世的我的爷爷
　　回来了

　　这首诗的前几节，都是欢快的——尽情吃糖，考上好大学，会魔法——这几乎是每个孩子都想要的。可读到最后一小节，我几乎落泪，因为永远离开我们的亲人，只有在梦中才能回来。那一刻，我想到了我的爷爷，他已经离开我好多年了，他也好多年不来我的梦里了……

　　雨晨誊写诗稿时，又加了一个结尾。

　　在梦里
　　我想念的人
　　都会回来

　　读到这几句，我多么希望，世上的每个人都能在梦里见到自己想念的人……

　　家乐一气呵成写下的诗，让我惊艳，我只是帮他改了几个错别字。

　　梦
　　/ 周家乐 /

　　在梦中

我曾是一位古罗马斗士

而我
又可以不费吹灰之力在宇宙中遨游

植物和动物
愿意和我说话

我用手
能把一块石头毫不费力地切开

当我饿了
就吃下整个星球

最离谱的是
当我醒来
一切都恢复了原样

  宣仪的诗语言特别简洁，这大概和她喜欢摘抄诗有关。她每次读到自己喜欢的诗，都会认认真真地抄写在自己的本子上，还会让我推荐给同学们一起读。她这次写的《梦》，语言依旧简洁。

梦
/ 潘宣仪 /

在梦中
我和死神喝茶

我摸到了彩虹
无数星月

只需拍两下试卷
就能得满分

让自己变高变矮
这活更是拿手

但是
梦总有醒的时候

　　读到最后一节，我感受到了一份惆怅，梦总有醒的时候。其实，童年本该是梦幻的，可是有多少孩子，早早地就失去了做梦的快乐，失去了真正的童年……

太阳去哪儿了

童诗课上，我先给孩子们读了一首顾城的《安慰》。顾城的诗，孩子们已经读了不少：《烟囱》《星月的由来》《土拨鼠》《小花的信念》……

安　慰
/顾城/

青青的野葡萄
淡黄的小月亮
妈妈发愁了
怎么做果酱

我说：
别加糖
在早晨的篱笆上
有一枚甜甜的
红太阳

读了这首小诗，孩子们喜欢上了那枚甜甜的红太阳，谁不喜欢呢？太阳已流浪了一个多月，大家都盼着它早点回来。

"太阳到哪里去了？""太阳为何要流浪？""妈妈等着太阳晾衣服晒被子，你又会如何安慰她呢？"……

一个个关于流浪的太阳的话题抛给了孩子们，孩子们各抒己见。我对孩子们的发言只有一个要求："不要重复别人。"

讨论结束，孩子们埋头写诗，我轻轻地走到他们身边，捕捉着动人的诗行。

抱抱被子
/ 潘宣仪 /

太阳
太阳
回来吧
妈妈刚洗完的被子
需要
你的抱抱

宣仪一挥而就，创作了这首小诗，没有经过任何修改，可谓神来之笔。宣仪在诗的开头连续呼唤"太阳"，让我们读出了期盼太阳回来的急切心情。最妙的是诗的结尾："需要 / 你的抱抱"。"需要"再次强调了她对太阳的渴盼，"你的抱抱"是多么温暖的字眼……

太阳吻
/ 陆梦宛 /

太阳走丢了
找也找不到
我说
太阳没走丢
只是变成了
妈妈的
一个吻

这是梦宛这节课写下的第三首诗，第一首诗仿写《安慰》，她给我看时，我说："模仿的痕迹太重，还是应该有自己的创造。"第二首诗，她写着写着似乎觉得不满意，并没有拿给我看。第三首小诗，我和她都很喜爱，这太阳一定是顾城诗中的甜甜的红太阳，太阳变成了妈妈的吻，这是多么甜蜜的想象……

孩子的诗中不仅有想象，还有他们的生活。

红皮球
/ 唐语晗 /

太阳
是一个
暖暖的红皮球
被白云宝宝
滚来滚去

白云宝宝
一用力
红皮球
滚到了
厦门
再也没回来

或许，你读到这首诗时会有这样的疑惑："红皮球为什么滚到了厦门，而不是其他地方呢？"记得开学初，孩子们分享自己的假期生活，语晗介绍的正是厦门之旅：厦门的天空是蔚蓝的，厦门的阳光是灿烂的。若不是知道语晗刚刚从厦门回来，我也会和你有一样的疑惑。的确，想要理解诗人的作品，也是需要一些阅读背景的。正如诗友所言："读诗，读的都是别人的经验，十之八九是误读。写作是表达自己，是为了验证生活。"想要读懂孩子们的诗，或许得先读懂孩子们……

同样地，在伟宸的诗中，我们也能读到他的心声。

心中的太阳
/ 徐伟宸 /

太阳去哪了
清晨
我看了看窗外
外面滂沱大雨
我想问
太阳又去哪了
我伤心地流下泪
体育课又泡了汤

妈妈安慰我
太阳就在你心中

"我伤心地流下泪 / 体育课又泡了汤"，这句诗一定能引起孩子们的共鸣吧！

讨论太阳去了哪里时，超越说："太阳是躲起来过寒假。"果然，他诗中的太阳很怕冷呢！

怕冷的太阳
/ 樊超越 /

你知道这几天为什么没太阳吗
我知道它怕冷

用白云把自己包起来
不让自己露出一道光

为什么偶尔会探出脑袋呢
因为它在白云里憋坏了
出来换换气

这是一首很可爱的小诗。读这首诗时，我们是不是仿佛看到了那躲在云被子里的太阳，偶尔探出脑袋大口大口地喘气呢？这首诗分为两节，每一节都是自问自答的形式，这样的问答为小诗增添了几分稚趣！陶孜的两首小诗也可爱得很呢！

太阳气球
/ 陶孜 /

太阳不见了
怎么回事儿
难道是
哪个调皮的孩子
把太阳气球偷走了

安　慰
/ 陶孜 /

真是的
又下雨了
洗了衣服怎么干

别伤心

太阳只是在睡觉

明天一早

公鸡闹钟会把它叫醒

在第一首诗中，太阳成了气球，不过，它被调皮的孩子偷走了。第二首诗的开头"真是的"，这一句是我们常常能在生活中听到的抱怨声，写在诗里，读来好亲切。这首诗中的太阳是大懒虫，正在睡觉呢！嘉琳的诗中，太阳也在睡觉，不过，这个太阳可不容易被叫醒呢！

被抛弃的太阳
/ 张嘉琳 /

天空抛弃了太阳

好心人发现了

急忙把门打开

让太阳快点进来

进了门的太阳

坐在沙发上睡着了

一睡就睡了一个月

这个被天空抛弃了的太阳，一定是伤心过度了吧，它沉沉入睡，竟然睡了一个月……

流浪的太阳到底哪儿去了？读了依霖的诗，我们或许会找到答案。

捉迷藏
/ 蔡依霖 /

太阳

想和我们捉迷藏

躲到这
不行
躲到那
也不行
最后躲到我的诗里
但
还是被我
找到了

依霖的这首诗，是第三稿。第一稿写好后，她问我："还有哪里可以修改呢？"第二稿改好后，她又问我："我还可以把这首诗写得更好吗？"直到第三稿，读到"最后躲到我的诗里"时，我竖起了大拇指，依霖笑了，那笑脸就像一枚甜甜的红太阳……

印　章

　　此刻，阳光从身后的窗户照进来，窗棂的影子映在地砖上，兰草的影子，依旧颀长，它们招呼着阳光……

　　我喜欢看影子：树的影子，花的影子，云在水中的影子……

　　上班途中，我随手拍下大树懒洋洋地躺在草坪上的影子，它们摊开手脚，就这么大大咧咧地躺着，草地那么柔软，影子应该很舒服吧？

　　早读课上，我给孩子们看我拍下的一片树影，我又给孩子们读了张继楼的《踹影子》。

踹影子
/ 张继楼 /

我到哪儿，

你到哪儿，

你这讨厌的小尾巴。

骂你不害羞，

踹你又不怕，

真是拿你没办法。

　　"在这首诗中，影子是讨厌的小尾巴，你们觉得影子是什么呢？"

　　"影子是会变高变矮的魔法师。"依霖说。

　　"它什么时候高？什么时候矮呢？"我问依霖。

　　"上学时，我的影子高高的；放学时，我的影子矮矮的。不知道这是为什么呢?"

我把依霖的话,整理成一首小诗。

多变的影子
/ 蔡依霖 /

上学时
我的影子好高好高
放学时
我的影子好矮好矮
这是怎么回事儿呢

依霖的诗激发了陶孜的想象:"太阳是个放大镜,它把我的影子变成巨人了。"

放大镜
/ 陶孜 /

早晨的太阳
是放大镜
它把我的影子放大
我变成巨人了

我又把陶孜的小诗写在黑板上,陶孜看着自己的诗,笑眯眯的……

"影子像镜子里的我,我做什么,她就做什么;可是,我却不知道镜子在哪里。"语晗说。

语晗提出的问题,又成了一首诗。

镜　子
/ 唐语晗 /

我做什么
影子也做什么
就像镜子里的另一个我
总是学着我的动作
可是
镜子在哪儿呢

课间操的铃声响起了，我对孩子们说："去做操时，你们可以看看树的影子，看看国旗的影子，还有自己的影子哦！"

孩子们回到教室时，一个个迫不及待地告诉我他们关于影子的"发现"。

手　势
/ 张嘉琳 /

没有树叶的大树
举起它的手臂
阳光下
它的影子像"Y"
这是大树
表示胜利的手势

嘉琳一边说，一边用手势比画着……

疼
/ 樊超越 /

我和小朋友
玩踩影子的游戏
踩了我的影子
我也觉得疼
我要保护好
我的影子

超越的小诗不由让我想起刚刚读过的《偷影子的人》……

操场上的皮影戏
/ 罗元浩 /

影子是我的玩偶
我让它点头
它就点头
我让它转身
它就转身

操场上
我在表演着皮影戏

我想象着操场上的皮影戏，一定很热闹吧……

最让我觉得独特的，还是可昕的"印章"。可昕说："我是一枚印章，我把影子印在大地上。"

"印泥是什么呢？"我问。

"印泥就是太阳啊！"

印　章

/ 姚可昕 /

太阳是暖暖的印泥
我是一枚
小小的印章

我把影子
印在大地上

多么好的小诗呀！我们就是一枚枚印章，我们都把影子印在大地上……

雨天的歌

一整天的雨，让昨日的燠热一扫而光，像换了季节一样，初夏时节，感受到的却是秋的清凉……

每周一次的童诗课是我和诗社的孩子们最幸福的时光。

我一进教室，嘉宏小朋友就冲到我面前，笑眯眯地说："I love you."我揉揉他的短发，笑笑说："Me too."

梦宛果然穿着那件蓝底白点的裙子，上周在洗手池边遇见她时，我夸她的新裙子好看，她说："上童诗课的时候，我穿给你看。"没想到，这句话她一直记在心上，真是让我感动。

她悄悄附在我的耳边说："今天我生日！"

"梦宛，祝你生日快乐哦，我可以抱抱你吗？"她兴奋地点点头，我抱着她旋转了一圈，她开心极了！

上课铃响了，我指了指窗外："外面下着雨，让我们听听小雨点的话。"

孩子们果然安静地聆听着雨的声音。

"小雨点在对你们说什么呢？"我问。

"小雨点在敲窗户，说让我进来吧。"

"小雨点说，我要跳到荷叶上，荷叶是我的蹦蹦床。"

…………

孩子们真的是天生的诗人，他们的回答多么富有诗意呀！

"我给你们读一首《小雨点》吧。"孩子们一听，都笑眯眯地看着我，他们最喜欢听我读诗了。

小雨点

/ 田地 /

小雨点
是雨妈妈的孩子

她染红花朵
她浸绿树枝

她给蜻蜓
洗净透明的薄翅

她在家家窗上
弹奏轻快的曲子

小雨点
是一个好孩子

"这小雨点是个好孩子,她还会做什么呢?"

"她会在操场上变成小水塘,青蛙在水塘里跳,我们也在水塘里跳。"徐菲说。

"太棒了,把你刚才说的写下来,就是一首很好的诗哦!"我不禁对徐菲竖起大拇指,她刷刷地开始在小本子上写起来。

下雨了

/ 徐菲 /

下雨了,下雨了
操场上有许多小水塘

青蛙跳到水塘里
"呱"一声叫起来
我们跳到水塘里玩
我们也一叫

"稍微改一改，这首诗就很棒呢！"我说。于是便有了下面这首诗。

下雨了
/ 徐菲 /

下雨了，下雨了
操场上有许多小水塘

青蛙跳到水塘里
呱呱叫起来
我们跳到水塘里
哈哈笑起来

我带着孩子们一起诵读徐菲的小诗，徐菲开心得脸都红了！
"小雨点还会落到哪里？还会做什么呢？"我继续和孩子们聊天。
"落到树叶上，玩滑滑梯。"
"落到我的花伞上，玩滑滑梯。"
"看来小雨点最喜欢玩滑滑梯了。"我笑着对孩子们说。
"小雨点落在小河里，是在弹琴。"卓昀说。
"小雨点落在屋顶上，跳舞。"张铄说。
"孩子们，把你想到的写下来吧，别人说过的就尽量不要写哦，写诗就是要写别人想不到的，那才有趣呢！"
孩子们的诗很快就写好了，每一首小诗都那么有趣，那么可爱！

舞　会
/ 张铄 /

下雨了
小雨点在屋顶上开舞会
它们跳哇　跳哇
一个个可开心啦

雨
/ 李嘉怡 /

滴答　滴答
雨点在大地上唱歌
又像是谁在吹喇叭
滴答 滴答
好听极了

雨
/ 杨子墨 /

小雨点
沙沙沙
落在叶子上
滑来滑去

小雨点
沙沙沙
落在泥土里
被泥土喝掉了

雨
/ 马铭悦 /

下雨了
雨点在屋顶上滑滑梯
一滑下来
就摔了一个大跟头

下雨了
雨点在我的花伞上滑滑梯
一滑下来
就被我接住了

小雨点
/ 范卓昀 /

小雨点在河面上弹琴
叮咚 叮咚
小鱼听了忙浮出水面
真好听 真好听
再来一个 再来一个

小雨点可高兴了
笑出一个又一个酒窝

  我给孩子们朗读一首首作品，当读到卓昀写的最后一句诗时，我问："你们知道小雨点的酒窝是什么吗？"
  子杰用两个食指抵着嘴角两侧："就是这个酒窝哦！"他笑起来的模样，真是可爱极了！

"小雨点的酒窝也长在你的脸上吗?"我笑着问。他笑着摇摇头。

"小雨点的酒窝就在河面上,那一圈圈的波纹就是小酒窝。"晋铭抢着说。

"卓昀,晋铭说得对吗?"我又笑着问。卓昀笑着连连点头。

童诗课的时间总是那么短暂,当我和孩子们道别时,心中竟有着几分不舍。

"顾老师,我会想你的,下一节课再见哦!"我真的没想到那个高高胖胖的淘气鬼星嘉似乎看出了我的心思,竟把我想说的话说了。

"我也是,我也会想你们的。"

回办公室的路上,欣怡追上我:"顾老师,我真的好喜欢上你的课,是真的!"她似乎以为我不相信,很郑重地重复了一遍。

小寿星梦宛,悄悄递给我一首小诗。

顾老师
/ 陆梦宛 /

顾老师很温柔

她会写诗

她每次都给我们读好玩的诗

顾老师的声音

很好听

读诗的时候

很美妙

读着这首小诗,我的心里暖暖的,不禁俯身拥抱梦宛:"谢谢你!"此刻,我不知道除了谢谢,还可以说些什么……

"老师，我送你两首诗"

清晨，孩子们陆续到校，他们打开书包，把作业交到讲台上。交完作业，孩子们一个个走到图书角，取了书回到座位，静静地阅读着……

"老师，我送你两首诗！"子慕递给我一页诗稿，"这是我旅游时想到的诗，送给你！"

隧 道
/ 徐子慕 /

山就像一个静静埋伏的大怪兽
一不留神
就把我们吞进了肚子里

烧饼与月亮
/ 徐子慕 /

我吃烧饼
一口接一口
好像圆圆的满月
变成了弯弯的月牙

天上的月亮
是谁吃的烧饼

这两首诗洋溢着童趣，棒极了！读着诗，我想象着子慕坐在车里，车驶入隧道，子慕随口吟出：山就像一个静静埋伏的大怪兽……儿童是天生的诗人，他们眼中的一切都可以化作诗！

蚊　子
/ 徐嘉忆 /

啪
墙上开了一朵小红花

我读到嘉忆的这首小诗时，用"惊艳"一词形容那一刻的感受，真的不为过呢！这首诗只有两行。第一行，一个"啪"字，先声夺人；第二行，那朵小红花仿佛开在了我眼前……

读着孩子们的诗，我仿佛在用孩子们的眼睛看这个世界。读着天泽的那首"路上的小汽车"，我眼前的汽车，仿佛也玩起了捉人的游戏……

路上的小汽车
/ 褚天泽 /

路上
许多小汽车
在玩捉人游戏

一捉到
就吃下去
有的肚子大
有的肚子小
所以
有的吃得多

有的吃得少

到了人们想去的地方
再把他们吐出来

子游的"我们仨",让我不由想起杨绛先生的《我们仨》,因为这首小诗,读起来是那么温馨……

我们仨
/ 周子游 /

夜深了
秋天的夜晚凉凉的
我们仨手牵着手
走在东三里桥的路上

爸爸牵着我的左手,在我的左边
妈妈捏着我的右手,在我的右边
我们仨手牵着手
走在回家的路上

路边的灯光将我们仨的影子
映在摇晃的树影上
一会儿,拉得长长的
跑在我们前面
一会儿,缩短了
悄悄跟在我们后面

就这样，我们仨手牵着手

走在这秋的夜里

走在回家的路上

　　常常有老师在我的公众号"竹影居"留言，问我如何才能教孩子们写诗？我给他们的回答总是："多读诗吧，只有自己大量阅读，才能从众多的诗集中找到经典的童诗推荐给孩子们读。"

　　当老师和孩子们都爱上诗歌时，诗歌就成了他们赠给彼此的最好的礼物……

十八次拥抱

每周一次的儿童诗社活动的时间又到了!

当我走进教室的时候,竟然惹得孩子们一阵惊呼。

"老师怎么戴眼镜了?"

"我还是第一次看到老师戴眼镜呢!"

…………

孩子们围着我七嘴八舌,他们盯着我的眼镜,瞧了又瞧。看着他们专注的眼神和可爱的模样,我不禁想逗逗他们:"其实呀,老师一直是戴眼镜的。"

"不可能,不可能!"他们的小脑袋摇得像拨浪鼓,"你每次给我们上课的时候,都没有戴眼镜啊!"

看着他们着急的模样,我慢悠悠地说:"告诉你们一个小秘密,老师以前一直戴着隐形眼镜呢!隐形眼镜是可以藏在眼睛里的,就像穿上了隐身衣一样,你们当然看不到喽!"

"可是,我不喜欢你戴现在的眼镜。以后,你还是戴隐形眼镜吧!"那个胖胖脸,即使是数九寒冬,也会头冒热气,鼻尖顶着汗珠的铭铭眯着眼对我说。

"老师戴这个眼镜很好看呢!显得更有文化了!"哈哈哈,那是伶牙俐齿的童欣在反驳呢!

"真是个小甜嘴!"我摸摸童欣的小脸蛋儿夸奖她,她更乐了!

这节童诗课,就在关于眼镜的争论中开始了。

"如果我是一片雪花,你们猜,我会落到哪里呢?"我话音刚落,他们就纷纷举起手。

"我要落到南极，和企鹅做游戏。"

"我要落到树梢，给大树戴一顶白帽子。"

"我要落到田野，给麦苗盖被子。"

一句句有趣的、神奇的、充满幻想和温情的诗句从孩子们的心中蹦出来，听了他们的回答，我的心也变得温暖起来，即使室外寒风依旧呼啸。

如果我是一片雪花，
你猜，我会飘落到
什么地方去呢？

我愿飘到小河里，
变成一滴水，
和小鱼小虾游戏。

我愿飘到广场上，
堆个胖雪人，
望着你眯眯笑。

我愿飘落到妈妈的脸上，
亲亲她，亲亲她，
然后就快乐地融化。

我动情地读着金波的《如果我是一片雪花》，孩子们也情不自禁地跟着我读了起来。

"这是一片什么样的雪花呀？"我问孩子们。

"这片雪花很想和小鱼小虾玩游戏，它肯定是寂寞了。"

"这片雪花也想和我们玩呢。我想如果现在下雪该多好哇，我们就可以和小雪花玩了。我们也要堆一个胖胖的雪人，雪人肯定也会望着我们眯眯笑。"

"这是很爱妈妈的小雪花。"孩子们是无比敏感的，他们可以和诗人心灵相通。

听了孩子们的回答，我对他们说："诗人金波爷爷把雪花写得多么有趣，那小雪花似乎就是我们身边的小伙伴呢！他爱玩爱闹，他爱唱爱笑，他还深深地爱着自己的妈妈，写诗就是要有趣、好玩，还要充满温情，让读诗的人，感到心里暖暖的……"

"如果我是——，孩子们，你们想变成什么呢？"我问道。

"如果我是叶子，我要飘到河里给蚂蚁当小船。"

"如果我是小鸟，我要唱歌给树爷爷听。"

"如果我是小草，我要给大地穿一件绿衣。"

"如果我是月亮，我要每天都又圆又亮。"

孩子们滔滔不绝地说着。

"孩子们，把你们想说的写下来吧，那就是一首首好诗呀！"

孩子们静静地写着，我轻手轻脚地在行间巡视，走到铭铭身边，他迫不及待地交给我一首小诗。

> 如果我是一只小鸟，
> 我要飞到妈妈怀里去，
> 和妈妈紧紧拥抱。

我摸摸铭铭的小脑袋说："写得很好，带回去给妈妈看吧，妈妈也一定会喜欢的。"

"可是，我有两个妈妈，我想和第一个妈妈，也就是我的亲妈妈拥抱，但是，我今天见不到她。"铭铭低着头小声说。

听了孩子的话，我不由得鼻头一酸："星期天可以见到亲妈妈吗？如果可以，那就星期天带给妈妈吧！"

听了我的话，他似乎一下子又变得开心起来："好的！"

他郑重地将小诗折叠起来："老师，我妈妈的名字我会写，可是她的姓，我不会写，她姓 cuī。"我工工整整地在他的草稿本上写下"崔"，并问道："是这个'崔'吗？"

"是的是的，就是这个。"他在折好的小诗背面写上了妈妈的名字。

"老师，我妈妈在苏宁电器上班，有时候星期天我会去看她，我去的时候，妈妈会和我拥抱，我数过了，已经抱了十八次了！"

听着孩子的话语，我不禁泫然泪下。十八次拥抱，孩子一定在心中温习了无数次；十八次拥抱，那是孩子掰着指头记下的令人无比心酸的数字。

"这个星期天，带着小诗去看妈妈吧！给妈妈一个大大的拥抱，好吗？"我紧紧地久久地拥抱着他，"就像这样的拥抱。"

下课铃响了，孩子们陆陆续续地到教室门外排队，他又跑到我身边，小脚一伸："老师，我的鞋带开了。"

我蹲下身子，为他系紧了鞋带，然后在他耳边轻声说："星期天，一定要记得带上小诗去看妈妈，第十九个拥抱在等着你和妈妈呢！"

难忘一朵花的幸福

忙忙碌碌的一学期就这样从我们的身边悄悄溜走,今天是蕴华儿童诗社团本学期的最后一次活动。我早早地来到活动教室,没想到,孩子们来得更早。

"老师,石榴,石榴!"几个孩子几乎是跌跌撞撞地跑到我身边,他们迫不及待地把几个青青的石榴举着给我看。

"哪儿来的石榴?"我好奇地问。

"就是教室门口石榴树上的,上面还有好多好多石榴呢!"

"这些石榴还没有成熟,怎么可以摘下来呢?你们想想,到了秋天,树上没有红红的石榴,石榴树妈妈该是多么寂寞呀!"

孩子们听了我的话,连连点头。我相信,孩子们再也不会去摘这些未成熟的石榴了。童诗的浸润,让这些孩子的心灵永远保留着那份童真,那份纯洁!

上课铃响了,又是我们漫步童诗花园的时刻了。孩子们曾经告诉我,每次上童诗课都感觉走进了梦幻般的花园。那里的每一棵树,每一朵花,每一株草都是那么神奇。轻轻拨开树叶,会有一首奇妙的小诗从叶间飘落;俯身闻一朵花,花蕊里竟然也藏着一首小诗……

我先给孩子们读了一首林武宪的《井里的小井蛙》。

一只古井里,
住了一只小青蛙,
除了睡觉吃东西,
只会呱呱呱。

小青蛙吃饱了,
就拍着肚子说大话:
"哎呀!我的妈!
这个小地方就是我的家?

天只有井口大,
地只有水一洼。
过几天,我长大,
这世界会连我的肚子都装不下。"

这首有趣的小诗惹得孩子们哈哈大笑,一只只小手举得那么高,他们一定有许多话想要说。

"老师,这只青蛙太可笑了,它太自大了!"

"它根本就不知道外面的世界有多大,这就是井底之蛙那个故事里的小井蛙吧!"呵,孩子们可真不简单,很快就联想到了井底之蛙的故事。

"我们一起读读这首诗吧,读的时候,你就把自己当作那只骄傲自大的小青蛙,那样一定可以读得很棒!"

话音未落,孩子们就摇头晃脑地读起来,有些孩子还情不自禁地加上了动作。他们挺起小肚子,把肚皮拍得"砰砰"响,简直就是一只只活脱脱的小井蛙。看着孩子们那可爱的模样,我也情不自禁地和他们一起朗读着,表演着……

"喜欢这首诗吗?"

"喜欢,喜欢,再读一首小动物的诗吧!"

我又给孩子们读了一首高洪波的《小狮子理发》。

小狮子的头发长了,
他去理发馆理发。
一进门,

他亮亮爪，龇龇牙：
"头发要染，
胡子要刮！"

乌贼理发师，
忙得汗珠直滴答。
小狮子的胡子——没啦。
小狮子的头发——黑啦。

漂亮的小狮子回到家，
吓跑了亲爱的妈妈……

孩子们有的笑得揉着肚子，有的笑得趴在桌子上……

"老师，我仿佛看到了一只没有胡子，头发乌黑的小狮子。"

"它要乌贼理发师给它染发，当然只能染成黑色的了，黑色头发的狮子哪有金色头发的狮子好看呢？"

"我想到狮子妈妈被吓跑的样子就忍不住要笑。如果有一天，我也染了头发回家，那我的妈妈会不会也被吓跑啦？"孩子就是孩子，他们的思维总是那么跳跃，这样的联想真是有趣！

"老师，我要续写《小狮子理发》。"二年级的铭杙大声说。

"呵，你可真不简单，还懂得续写呢！好吧，今天你就和高洪波爷爷比试比试，看谁写得棒？"

看到好多孩子都忍不住想提笔作诗，我对孩子们说："今天是我们本学期的最后一节童诗课了，你们自由创作一首小诗，好吗？"

"好！"孩子们开心地答应着，那声音响亮极了！

很快，一首首小诗就出现在我的眼前。

爸　爸
/ 朱琪 /

犯错时
黑着脸朝我吼的
是爸爸

生病时
急得团团转的
还是爸爸

　　这是一首温情的小诗。一个心思细腻的孩子，用小诗记录了爸爸无言的爱。

谁和谁好
/ 王可欣 /

谁和谁好？
柳树和风好。
风儿轻轻吹，
柳树弯弯腰。

谁和谁好？
风和风筝好。
风儿使劲吹，
风筝摇呀摇。

　　这是一首童谣般的小诗，读起来朗朗上口。究竟谁和谁好呢？呵呵，作者也不知道呢！

星　星
/ 李宇辰 /

星星
是月亮
燃放的礼花

好奇妙的想象，在孩子的眼里，闪烁的星星原来是月亮燃放的点点礼花呀！难怪，夜空如此绚烂！

月亮和太阳
/ 王剑奇 /

月亮很淘气
它天天
和太阳爸爸捉迷藏

你看
太阳找不到孩子
急得脸都红了

日月星辰总是出现在孩子们的诗中，而诗中的日月星辰也总是那么有趣！淘气的月亮，急红了脸的爸爸，这样的小诗活泼又不乏温情！

我入神地读着孩子们一首首美妙无比的小诗，讲台上突然出现了一朵娇艳的月季花。

"送给你的！"又是铭杙，这个又淘气又可爱的小男孩，不知何时变戏法儿般地送给我这朵美丽的月季花。我情不自禁地深呼吸，久久地闻着那馥郁的花香。

"谢谢，谢谢你！"我连声道谢。

我无比珍惜地捧起这朵小花,这是孩子送给我的最珍贵的礼物。悄悄地,悄悄地,这朵花已经在我的心底慢慢绽放,一颗心溢满幸福,只因一朵花!

难忘,与孩子们共读童诗的幸福时光;难忘,收到一朵花的幸福!

我们爱过，不会忘记

"顾老师，顾老师，今天天很蓝！"语晗和希希手牵着手蹦到我面前，她们一边说，一边笑眯眯地看着我。

我和她们一起抬头看天，澄碧如海的天；看月，那是阳光尚未抹去的淡淡月影……

课间，孩子们总是围着我，告诉我令他们开心或者不开心的事。依霖摘下自己的发箍戴到我的头上，我的头发上便开了一朵大花。希希搂着我，小脸儿蹭着我的后背，深深吸一口气："好香哦！你是一棵会走路的樟树！"我刚打开作业本，一只只小手递过来一支支红笔："顾老师，用我的，用我的……"

于我而言，做教师的快乐，都是孩子们给的。看着他们一天天长大，看着他们好看的字，读着他们有趣的文字，和他们一起谈天说地，这些都是快乐的事……

5月20日那天，我带给孩子们一盒红樱桃，这是成都的龙老师送给我的，我又带着它们从西安飞到无锡。这是一盒有魔力的樱桃，因为它们变成了一首首诗。

乘飞机的樱桃
/ 唐语晗 /

樱桃
你比我幸福多了

我都没乘过飞机

而你呢

乘着飞机

看见了成片的云朵

那云朵

肯定很美

樱桃

请你告诉我

旅途的见闻吧

头　饰
/ 刘一苇 /

大树

想要蜗牛头上的"小果子"

但蜗牛不给

于是，大树努力地长啊长

终于长出了满头小果子

　　一苇喜欢花草，喜欢小昆虫，她笔下的一切都充满了灵性。她说："蜗牛头上的触角就像是小果子。"于是，一首有趣的诗，一幅可爱的画就这样诞生了。

樱桃的歌
/ 樊超越 /

樱桃坐在树上

晒太阳

脸儿晒红了
它们叫
热死了
热死了

顾老师听到了
把它们摘下
带到教室里
它们唱
好凉快
好凉快

我读着这首诗,仿佛听到了樱桃们的红红的歌,凉凉的歌……
"顾老师,我有了一个灵感,这些樱桃是我的老乡!"出生于西安的楚珩这样对我说。他的诗的题目就是《我的老乡》。

我的老乡
/ 张楚珩 /

我的家乡在西安
我和爸爸妈妈来到无锡
老师带来了西安的樱桃
它们就是我的老乡

"顾老师,樱桃是什么时候红的?"陶孜问。
"初夏呀!"
"好的,我知道了。"陶孜笑眯眯地拿起笔,刷刷地写起来。

鞭　炮
/ 陶孜 /

一个个樱桃
就像一串串鞭炮
大树举起鞭炮
开心地放着

初夏
是大树的节日

在千羽的诗里，这节日是母亲节。

母亲节
/ 付千羽 /

母亲节到了
小樱桃给树妈妈
送礼物

一双双红耳环
树妈妈戴上它
可美了

读着依霖的那首《交谈》，我仿佛看到她正在和樱桃说话呢！

交　谈
/ 蔡依霖 /

樱桃
为什么我和你交谈时
你呆呆地站着

为什么风和你交谈时
你开心地晃着脑袋

是不是
我不讨你喜欢呢

宣仪的《摇篮》读起来别有一番温馨。

摇　篮
/ 潘宣仪 /

樱桃
一个个挤在
绿叶摇篮里
风儿妈妈
轻轻摇

睡吧睡吧
樱桃宝宝

和三（6）班的孩子们一起读诗、写诗，已有三个年头了，诗陪伴着我们在一起的每一天。我们爱过，不会忘记……

第二辑

识字的快乐

识字的快乐

读小学前，大部分孩子都已经学过拼音，所以他们读小学后丧失了学习拼音的新鲜感，而且拼音字符并没有表义的功能，只是一些抽象的符号，因此，相对于拼音来说，刚入小学的孩子显然更喜欢识字。

教学"认一认2"前一天，我先布置孩子们进行预习。

学习"虫"时，可昕说自己牙疼。

"是不是你的牙齿有蛀虫呀？"我关切地问道。

我的话音未落，昕宸举手说："牙齿被蛀虫咬了，就是我这样的。"说着，他张开嘴，给大家看他的蛀牙。

"以后大家可要好好保护牙齿哦，不然就会牙痛呢！"我总结道。

学习"贝"时，孩子们一下子想起了贝壳。

"你们有没有在什么地方捡起过什么颜色、什么形状的贝壳呢？"我问。

"我在青岛的海边捡到过半圆形的白色的贝壳，上面还有黑色的斑点。"陶孜说。

"我和爸爸妈妈一起去日本的海边玩，我捡到过一只绿色的像小帐篷一样的贝壳。"逸宸说。

"你说得好棒哦！居然把贝壳想象成绿色的小帐篷！"我趁机夸赞了他。

大家鼓起掌来。

"'鱼'这个字，和你们见过的鱼有相像之处吗？"我问。

我刚问完，孩子们就开始了抢答。

"中间'田'的部分，像鱼的身体，上面还有鱼鳞呢！"

"上面的部分像鱼头，开口的地方像鱼嘴张开。"

"下面的一横像尾巴。"

接着学习"鸟"和"羊"时，孩子们也联系字形展开了想象。

"'鸟'上的一撇，像鸟头顶上的羽毛。那一点儿就像鸟的眼睛。"

"羊头上不是有两个角吗？'羊'上面的两个点儿就像羊角。"佳熠一边说，一边用手指在自己头顶上摆出羊角的造型。还真像一只白白的小羊！

"猫"和"狗"两个字，都有反犬旁，我让孩子们找找它们的共同点，孩子们一下子就发现了这两个字的左边是一样的。

"这是字的偏旁，它有一个名字，反犬旁。有这个偏旁的字，大多和动物有关，咱们班有些小朋友认识不少汉字呢，哪些字也有这个反犬旁呢？"我边板书反犬旁，边问孩子们。

"猪。"希语第一个回答。

"狮。"若宁说。

"古人造字很有意思呢，这个字左边的反犬旁就表示和动物有关，右边的部分是老师的'师'，表示的就是这个字的读音呢！像这样，一半表示意思，一半表示读音的字，还有好多呢！"

"猴。"陶孜说。

"是呀，这个字，也是这样的，左边表示意思，右边表示读音。"

"刺猬的'猬'也是的。"依霖说。

…………

"'兔'这个字，用什么方法能记住呢？"

"我的名字中间的'逸'，里面就有一个'兔'，我当然认识。"逸轩说。

"我们班还有一个小朋友，名字里也有'逸'呢！"

"谢逸宸。"大家一起回答。

"我还觉得'兔'字里的一点儿，就像兔子的短尾巴。"

孩子们已经条件反射似的，根据字形展开联想了。

"看到'瓜'这个字，你们想到什么？"

"西瓜、冬瓜、哈密瓜、甜瓜、香瓜、木瓜、南瓜……"孩子们说了一大串的瓜。

"我还知道葫芦瓜，就是那种长得像葫芦的，可以炒着吃的……"怕我们不理解，元浩解释着。

"你们见过长在瓜藤上的瓜吗？看到这个字，你们有什么发现吗？"

"上面的一撇像竹子搭成的架子，下面的就像瓜藤，那一点儿就像结在藤上的瓜。"

"果下面是木，上面就像果实结在树上。"孩子们倒真是能融会贯通。

"'麦'的下面和'夏'是一样的。"若宁说。

"'麦'的下面像麦子的叶子，上面像麦子结的果实。"晨希说。

"'豆'这个字让你们想到了什么呢？"

"红豆、绿豆、黑豆、长豆、豆沙、赤豆棒冰……"

"豆角。"一苇说。我突然想起一苇的妈妈昨天在朋友圈里发的图片，一苇在田野里摸着南瓜，托着豆角，看着小瓢虫……孩子与大自然亲近的画面，真的很美好！

"你昨天刚刚见过豆角，可以告诉我们，你见过的豆角是什么样的吗？"我问一苇。

"豆角有的长，有的短；有的粗，有的细；有的绿，有的红……"一苇兴奋地说着。

"哇，你一下子说了这么多，还用上了'有的……有的……'这个句式，真好！"掌声再次响起，孩子们为一苇精彩的表达鼓掌。

孩子们在识字课上的精彩表现，再一次证明：语文学习要和孩子们的生活发生关联。用这样的方式学习的词语不再是冰冷的字符，而是一幅幅鲜活的画面，一段段生命的旅程。如此，词语才是有温度的，才是润泽的！

红圈圈蜜一样甜

周二放学前,我将每一个生字范写在田字格里,并一一讲解了书写的要点。我想我讲得这么细致,孩子们第一课的习字册应该可以写得很好了吧!二(1)班是我这学期刚接的,我对孩子们的书写情况还不太了解。

记得2016年,我教一(6)班的孩子们写字,先从一横一竖开始教起。孩子们刚开始练写横画时,有的写得像硬邦邦的火柴棍,有的写得像歪歪扭扭的毛毛虫,有的起笔和收笔写得特别重,就像小狗爱啃的骨头……

我握着孩子们的手,一笔一笔地教,一笔一笔地改。渐渐地,孩子们的笔画写得有模有样了。笔画过了关,我再教孩子们观察例字的结构,他们自然就可以把字写漂亮了。

"横画间距要均匀""撇捺裙角不落地",诸如此类的书写规律,我用口诀的形式讲给孩子们听,或者用动作演示给孩子们看,孩子们记住了这些规律,字也就写得更漂亮了。

孩子们写好的字,我会投影到屏幕上,让他们找一找,这个字哪些部分写得好,哪些部分还需要修改。在一次次评讲中,孩子们对书法美的感受力大大提升了。

到了一年级下学期,我就不再需要给一(6)班的孩子们逐个讲解生字的书写要点了。孩子们会挑出本课最难写的生字,然后,我把孩子们挑出来的字讲一讲就可以了。

周三清晨,我打开二(1)班的孩子们交上来的习字册,发现前一天我详细讲解过书写要领的字,孩子们的书写效果却不佳。我仔细分析了原因，主要还是笔画没有过关，字的间架结构也出现了一些共性的问题。

我向子游借了块橡皮，把习字册上写得不规范的字擦去，一本一本地擦。有些孩子写字很用力，我自然得很用力地擦才能擦干净。一摞本子擦完，我右手大拇指的指肚又红又肿。

午餐时，我恰好坐在子游旁边，他问我："顾老师，我借给你的橡皮还剩下多大？"

"这么大，像一粒黄豆。"我比画给他看，他也用拇指和食指圈出黄豆粒般大小的圈圈。

"你看，顾老师的手指，擦本子擦成这样了。"我给他看我的大拇指。

"啊！肿了，比你左边的大拇指胖了一圈。"子游观察得真仔细，他一边说一边拉过我的右手，对着我的大拇指直吹气。吹完了，又把我的指头握在他的手心："我奶奶的溃疡，我一给她吹气，她就好了，是不是很神奇？我也帮你吹一吹，揉一揉，你的手指很快就会好的。"

子游的动作和话语让我感动了好一阵，我手指头的痛感真的减轻了许多……

下午我捧着一堆擦过的习字册来到教室，这次我从笔画开始讲起，我在黑板上一笔一画地写着"横、竖、撇、捺……"

我教完笔画，孩子们开始练习写"子"字旁，别看这个偏旁只有三笔，可是想写好看也不容易呢！横勾不是写大了，就是写小了；竖勾，写得太弯像驼背，写得太直又显得呆板；提画出锋得迅速，才显得有力……

我拿着一支红笔，在行间查看孩子们的书写情况，写得好看的，我会在字的右上角画个红圈圈；写得不好看的，我会告诉孩子们哪个笔画得改一改，鼓励孩子们再试一试……

孩子们写得很认真，写完了就举手示意我去瞧一瞧，还会悄声问："我可以得到红圈圈吗？"

每当我在字的右上角认真画上一个红圈圈时，孩子们都笑得甜蜜蜜……

那一刻，我不由想起霄晓写过的一首诗。那是 2012 年 9 月，我第一次教一年级，霄晓在写字课上送给我的诗。

花
/ 刘霄晓 /

我们的字写得好看
老师要来看一看
花开得好看
蜜蜂蝴蝶都要来看一看
老师画的红圈圈
和蜜一样甜

爱的摇篮曲

上完"我的母语课",我给孩子们留了一项作业:想象晚上入睡前,房间里的东西会说些什么。

下午,我检查孩子们的作业,孩子们的童言童语真是可爱至极!我一一读给孩子们听。

"衣柜叫我脱衣服,放在它的肚子里;床和枕头叫我快躺下,明天上学不能当懒虫;窗户叫我把它关起来,别让风进来;娃娃叫我抱着她,就能快快睡着了。"元浩书上的空白处几乎写满了,我仿佛看到他抱着娃娃,睡得香香甜甜……

"床叫我睡觉时别乱动,当心掉下来;被子让我不要再把它踢掉,小心会着凉。"我刚读完,孩子们都哈哈笑了起来。诺琪写下的这两句话,一定是平日里爸爸妈妈经常嘱咐她的,这是多么温暖的叮咛!

"故事书叫我把它放下来,台灯叫我把它关掉……"读着李玉写下的话,我的眼前仿佛出现了一幅图画:一盏台灯在床头,暖暖的灯光照着小小的李玉,她正捧着一本故事书看得津津有味呢!

"小夜灯叫我安心睡,不要害怕,它会整夜守护我;玩具汽车叫我快睡觉,它会在梦里带我回洛阳找弟弟玩……"读着希语写下的话,我竟不禁红了眼圈。

我们这所学校,孩子们来自全国各地,除了港澳台,还有西藏,几乎每个省份都有孩子在此就读。

希语一直在家乡跟随爷爷奶奶生活,为了读一年级,爸妈才把他接到无锡。谁说孩子不懂离愁,或许只是他没有表达过。离开了家乡,离开了亲人,来到这陌生的地方,他又怎能不渴望梦回故乡?

经典的童谣，总能拨动孩子们的心弦，给他们的生命以感动……

被子对我说："快躺下，我要拥抱你。"

枕头对我说："让我亲亲你的小脸蛋，愿你做个美梦。"

小熊维尼对我说："快来抱抱我，我也困了要睡觉。"

依霖笔下的被子、枕头都像妈妈一般，有着满满的爱。"拥抱你""亲亲你"，多么温暖的字眼。小熊维尼也困了，多么可爱！小依霖抱着小熊维尼，睡着了……

"我的母语课"第一单元的主题是"摇篮曲"，单元导读中这样写道："小朋友，还记不记得当你还是小宝宝的时候，妈妈一边哼着轻松的歌儿，一边轻拍着你，哄你入睡呢？哼着哼着，小宝宝就随着妈妈温柔的声音，甜甜地进入梦乡了。这些伴着小宝宝入睡的歌儿就叫'摇篮曲'。来，让我们一起念念这些优美的摇篮曲吧！"

分享了昨天的写话，我们又开始了今天的母语课。

学习陈伯吹的《摇篮曲》，我没有像昨天那样先范读，而是让孩子们借助拼音拼读。我们已经学习到复韵母了，这些音节，孩子们大多可以拼出来。

拼到"小鸟不飞也不叫"这一句时，我问孩子们："你们发现这句话中两个'不'的读音有什么不同吗？这是为什么呢？"

"如果'不叫'的'不'也读第四声，读起来就难受。"有孩子回答。

我试着让孩子们把"不叫"中的"不"也用第四声读，孩子们果然觉得别扭。

"当'不'后面的那个字是第四声的时候，'不'就要用第二声读。"孩子们又试着用第二声读，果然觉得顺口多了。

孩子们接着拼读儿歌，读到最后一句时，孩子们又发现了"一"的变音。

"'一'是第一声，读'一觉'时就变成第二声了，这和'不'的变化是一样的。"

孩子们能联想到'不'在语流中的变音，真好！

读完《摇篮曲》，我把"阅读思考"中的问题提出来："这首《摇篮曲》应该怎么读才能让小宝宝安心入睡呢？大声地读？还是小声地读？"

"小声地读。"孩子们一起回答。

"快速地读？还是慢慢地读？"

"慢慢地读。"孩子们又是异口同声。

"现在就请你们扮演一回妈妈，小声地、慢慢地读读这首《摇篮曲》吧！"

"我是男生，我要做爸爸。"思翰说，其他男生也频频点头。

"好吧，女生扮演妈妈，男生扮演爸爸，我们一起给小宝宝读读这首《摇篮曲》吧！"

孩子们果然轻轻地读了起来，语气还很温柔呢！

接着我们又读了《摇篮谣》，读到"摇大宝宝砍柴烧"这句时，孩子们不太理解，我讲给孩子们听。

"歌谣中的妈妈，希望宝宝长大后可以砍柴。当你还在摇篮里的时候，爸爸妈妈摇你入睡时，他们心里有什么愿望呢？回家后问问爸爸妈妈，请他们把他们的愿望写在书上，我们明天分享哦！"

"顾老师也要给你们唱一首《摇篮曲》呢，孩子们，现在请闭上眼睛，静静听……"

"睡吧，睡吧，我亲爱的宝贝；妈妈的双手，轻轻摇着你……"我轻轻唱着这首《摇篮曲》，这是涵小时候，我哄他入睡时经常唱的歌。我的眼前浮现出他蔷薇色的小脸儿，睡梦中的他，绽放出花一般的笑容……

一曲《摇篮曲》唱完，我让孩子们说说刚才的感受。

"顾老师的声音很温柔，唱得真好听。"

"我好像回到了小时候。"

"我好像躺在顾老师的怀里，顾老师就像妈妈一样抱着我，给我唱《摇篮曲》。"

……

"今晚睡觉前，请妈妈为你唱一首《摇篮曲》吧。"孩子们显得很兴奋，大概是好久没有在妈妈的歌声中入睡了吧！

　　我想象着孩子们今晚在摇篮曲中入睡的情形，想象着每个妈妈唱起摇篮曲时无比温柔的神情。暖暖的灯光下，妈妈的歌声也是暖暖的，飘呀飘呀，飘进孩子的梦乡……

　　"睡吧，睡吧，我亲爱的宝贝……"这一支支摇篮曲，让孩子们仿佛重新做回婴儿，他们仿佛躺在妈妈温暖的怀抱里……

还你一个新鲜的秋天

作为一名语文老师，面对"天上的星星像眼睛一眨一眨""妹妹的脸像红苹果"这样千篇一律的表达时，我悲哀地发现：孩子们已经不会说自己的话了，他们无法用自己的语言来表达自己真实的感受。

选材总是落入俗套：拾金不昧、扶老人过马路，这是好事篇；学习骑车跌倒，爬起来接着练，学习游泳呛了水继续学，这是励志篇；生病了，父母背着去医院，且一定是风雨交加的恶劣天气，这是亲情篇……

表达总是人云亦云：只要写秋天，必定写枫叶像燃烧的火焰，枫叶像一个个红色的小手掌。在孩子们的作文里，枫叶只能和火焰或手掌联系在一起。

结构也总是像一个模子造出来的，即所谓的"三段论"：开头一段，中间一段，结尾一段。

我们的孩子已经不会创新了，只会重复别人的故事、别人的语言，孩子们的作品中根本就没有一个"真我"！

缘于此，我设计了《秋天》的习作课，我想还给孩子们一个"新鲜"的秋天。

我先用《作文十九问》中的一个故事导入，杜甫的诗稿中有一句"林花著雨胭脂（　）"，这句诗的最后一个字被虫吃了，众人猜测，究竟是哪个字。我把"点、染、落、湿"这几个字分别板书在黑板上，让孩子们猜猜，可能是哪个字，并说出理由。

"我觉得是'落'字，因为下雨，花被雨水打落了。"

"我觉得是'点'字，这样用词很文雅。"

"我们平时总是说用词准确，用词生动，现在听到用词文雅，有什么感觉呢？"

"很新鲜。"

我在黑板上写下"新鲜感"这几个字，并说道："这节课，我们就来聊聊秋天，希望你们的发言也能给我新鲜感哦！"

"看到'秋天'这个词，你们眼前仿佛出现了怎样的画面？"

"我看到稻子熟了。"

"一大片稻田，让你想到什么？"

"好像金色的海洋。"

"一阵风吹来……你可以接着说下去吗？"

"像海面上涌起一朵朵金黄的浪花。"

"请试着把刚才的几句话连起来说一说。"

"秋天，稻子成熟了。一大片稻田好像金色的海洋。一阵风吹来，像海面上涌起一朵朵金黄的浪花。"

"家乡的果园里，苹果成熟了，好像在对着我笑。"

"你的家乡离这里很远，对吗？"

女孩点点头，听着她的回答，我有种莫名的感动。她亮晶晶的眼睛里，此刻掠过一丝淡淡的忧伤，那就是乡愁吧！

  家乡的果园里
  苹果熟了
  它们对着我笑
  在梦里

我把这四句诗写在黑板上，又请小女孩写下她的名字——陈文欣。"给这首诗取个什么名字呢？"孩子们各抒己见，最后命名为"梦中的果园"。

我请文欣再把这首诗念了一遍，她读得很深情。

就这样，我们聊着秋天的美景，聊着秋天的味道……

都说"一叶知秋",我先带孩子们学习了《山行》和《秋天的雨》,诗文中都写了枫叶,我和孩子们一起品读,体会作者这样表达的妙处。

当我把一片枫叶落在水面上的图片通过投影仪展示出来时,渐入佳境的孩子们一个个妙语连珠。

"这片枫叶是小小的船,一群蚂蚁乘着枫叶船过河。"

"这片枫叶是一座小小的孤岛,默默地站在湖中央。"

"这片枫叶是穿着红色泳衣的运动员。"

"这片枫叶是红色的鱼儿,在水面上游来游去。"

……

孩子们才思如泉涌,一个个富有新鲜感的句子蹦出来。我这才把沙白的小诗《秋》投影出来。

  湖波上
  荡着红叶一片
  如一叶扁舟
  上面坐着秋天

最后一句让孩子们眼前一亮,他们再一次感受到,有新鲜感的表达可以让读者为之惊艳!

欣赏完诗文,我给孩子们带来一组秋天的美景,孩子们陶醉了……

"请大家写一写你心中的秋天……"

孩子们挥笔疾书,我在行间巡视,孩子们的笔下果然跳动着一个个有新鲜感的词句。

"秋风是一个闹钟,它哗哗响着,催着大雁往南飞……"

"秋天的森林里,树叶有红的,有黄的,有绿的。秋天是慈祥的妈妈,每天都把森林女儿打扮得漂漂亮亮……"

"滴答,滴答,下雨了。小雨滴在树叶上,玩起了滑滑梯……"

……

孩子们还创作了一首首小诗呢!

树叶飞毯
/ 周旭哲 /

枫叶落在草地上
小蚂蚁爬上去
一阵秋风吹过
小蚂蚁乘着树叶飞毯
去旅行

秋天出生了
/ 李昱婵 /

秋天是大自然
第三个娃娃
秋天出生了
农民伯伯乐得笑开花

淘气的秋天
/ 陆天宇 /

秋天和我们捉迷藏
它躲在田野里
稻子黄了

它躲在枫林里
枫叶红了

哼
不要以为你藏起来
我就找不着
…………

我知道，一节课并不能改变什么。孩子们不会因为听了我的一节作文课，作文水平就得到明显的提高。可是最起码，孩子们知道了：表达需要有新鲜感！

孩子们，但愿，我不仅仅是还了你们一个新鲜的秋天……

明天会更好

我和孩子们一起学习第八课《河里的月亮》。

天上一个月亮

河里一个月亮

滚圆，滚圆

晶亮，晶亮

一条鱼儿游过

月亮忽然碎啦

一块，两块

东晃，西晃……

啊！不要惊动它

让它安静一下

待会儿你再来瞧

它依旧是那么滚圆，滚圆

晶亮，晶亮……

练习朗读课文时，孩子们不自觉地加进了动作，依霖举手要求到讲台前给大家表演朗读。依霖的朗读表演赢得了孩子们的掌声，大家都想边表演边朗读。干脆，我让全班孩子都起立表演。孩子们读得笑眯眯的，他们享受着朗读的快乐，真好！

到了提问的环节。

"'滚圆'是什么意思？月亮在水里，怎么滚呢？"看看艺鸣的表情，她似乎是百思不得其解。

"'滚圆'就是非常非常圆的意思。"超越解释。

"是呀,比如他发烧了,额头滚烫,'滚烫'是什么意思呢?"我继续问艺鸣。

"'滚烫'就是非常烫。"艺鸣倒真是一点就通呢。

"'依旧'是什么意思呢?"诗涵问。

"就是和从前一样。"可昕回答。

"你可以用'依旧'说一句话吗?"我继续问可昕。

"明天第一节课依旧是语文课。"

…………

还记得学习第一篇课文时,我让孩子们提出自己不懂的问题。孩子们几乎问遍了课文中的每个字、每个词。那时候,他们还不会提问。

渐渐地,我发现,他们提出的不懂的词语的确是难以理解的。更让我惊喜的是,他们竟然开始关注作者的表达。

"课文里写月亮碎了,为什么只写'一块,两块'呢?"千羽问。

"鱼儿从月亮中间游过,就像用刀从中间切苹果,切开后不就是两块吗?"定杰一边说一边做出切苹果的动作。

"其实月亮不是碎了两块,是碎了很多块,但是不需要写那么多,不然,这首诗得多长啊!"家乐反驳定杰的观点。

"晚上你可以做个实验哦,用一盏台灯对着盛着水的水盆,试着切一切灯的倒影,看看是不是只分成两块哦!"我笑着对定杰说,定杰笑着点点头。

"这首诗的题目为什么是'河里的月亮'呢?"璟琰问。

"是呀,题目为什么不是'天上的月亮',或者直接用'月亮'呢?"我继续问。

"因为除了第一句,后面写的都是河里的月亮怎么样。"家乐回答。

"那为什么还要有第一句呢?"雨晨追问。

"没有天上的月亮,怎么会有河里的月亮呢?第一句当然要写了。"

玉焜应答。

　　孩子们竟然能如此深入地思考作者的遣词造句、行文思路，思考题目与内容的匹配度。听着孩子们的一问一答，我无比惊讶！

　　让我惊讶的还不止于此，还有孩子们关于月亮的想象……

　　鱼儿游到月亮身边，难道是鱼儿游上了天？——雨晨
　　鱼儿想尝一尝，月亮是硬的还是软的？甜的还是酸的？——超越
　　谁生了一个这么大的银蛋？——可昕
　　河里的月亮像冰激凌，我一捞，就化了。——元浩
　　我在公园里，想抓天上的月亮，抓不着；我又捞河里的月亮，还是捞不着。——陶孜
　　月亮是大大的银扣子。——宣仪
　　河里的月亮是鱼儿的皮球，鱼儿玩坏了月亮皮球。——语晗
　　鱼儿想要登上月亮船。——嘉琳
　　…………

　　"你说鱼儿游上了天，是谁觉得鱼儿在天上呢？"我问雨晨。
　　"水底的小螃蟹。"雨晨问答。
　　于是就有了这样一首诗。

　　　　月亮掉在河面上
　　　　鱼儿游过来
　　　　河底的螃蟹抬头看
　　　　还以为鱼儿飞上了天

　　"月亮是大大的银扣子，这个想象好有趣，这个银扣子是谁的呢？"
　　"月亮是天空的银扣子，后来掉到水里，小鱼帮忙捞……"
　　我和宣仪的一问一答，又诞生了一首诗。

月亮
是夜空的银扣子
大大的银扣子掉进河里
鱼儿帮忙捞扣子
咦？扣子怎么不见了？
鱼儿抬头看
银扣子还在夜空的外套上

我们看到的月亮，不一定都是圆圆的哦，弯弯的月亮像什么呢？"
"弯弯的月亮像香蕉，我想念一首诗。"超越说。

弯弯的月亮
映在水里
鱼儿以为是香蕉
它想尝一尝
到底甜不甜

"我想念一首捞月亮的诗。"陶孜举手。

月亮高高
挂在天上
我爬上大树摘月亮
够哇，够哇，够不着

我在树上看水里
水里一个月亮
我用捕蝶网捞月亮
捞哇，捞哇，还是捞不着

月亮变成一颗颗星星

从网里逃走了

儿童的想象力永远是成人无法企及的。他们对文字也是敏感的，藏在文字背后的情感，他们都能读懂。

放学前，我给孩子们读了《月之故乡》。

"《月之故乡》和我们这首《河里的月亮》很像哦，静静地听老师读一读《月之故乡》，然后说一说你们有什么样的感觉，好吗？"

"《河里的月亮》让我感觉到的是快乐，而《月之故乡》是不快乐的。"

"《月之故乡》里有想家的味道。"

"《月之故乡》是一种悲伤的感觉，想要哭。"

孩子们的感受力远远超出我的想象。

我又在黑板上写下《静夜思》这首诗，孩子们都很熟悉。

"这首诗里也有月亮，也有想家的感觉。"

……………

"月亮"，我在黑板上写下这两个字，写得大大的。

"写月亮的古诗词还有很多，等你们渐渐长大，你们一定会读出更多的感受……"我说道。

在中国文化里，月亮所包含的意蕴，值得咀嚼一辈子……

放学前，玉焜看着自己得了优加星的作业，笑得眼睛眯成缝。我征得玉焜的同意，把他以前的作业和现在的作业各拍了一份传到班级群里，他的书写进步好大！

"一切都会好起来的……最了不起的人，不是拥有一切'最好'的人，而是把一切都'变好'的人！一起加油，把一切变好！"这是一位视我如己出的前辈给我的留言，读着这温暖的留言，我怎能辜负？怎能不努力？

是的，明天会更好……

我们的小巴掌童话

穿过半半路
走过半半院
就在半半楼
住着小半半
…………

这是《新经典·日日诵》第一册中的《半半歌》,孩子们边读边表演,他们把自己当成儿歌中的小半半。因为这首儿歌,孩子们认识了张秋生爷爷。

"张秋生爷爷不仅会写好玩的儿歌,他还写了好多有意思的童话哦!"我举起手中的张秋生爷爷的《小巴掌童话》。午间阅读课,我给孩子们朗读《小巴掌童话》,这成了他们每日最期待的事情。

"去童话王国的路,不能一直走。要拐弯,拐弯,再拐弯……"读了《去童话王国的路》后,孩子们只要走过曲曲折折的回廊,到了拐弯处,总会笑着、闹着:"拐弯,拐弯,再拐弯,我们到童话王国了!"

孩子们说:"在童话里,什么都会说话。"而我,真的好想带着他们一起住进童话的王国。

秋风中,我带着孩子们走进学校后门的北公园,一片片落叶落在我们的头发上,滑到肩头,又无声无息地飞到草地上,飞到池塘里。

草地上,孩子们围在我身边,我给他们朗读《几片飘落的红叶》:"这正是我们向往的,我们要变成一群红色的小船,让小溪姐姐带我们去旅行呢!"

"老师，老师，这片树叶可以当小蚂蚁的船，帮小蚂蚁到对岸去。"程程边说边指着池塘里的一片落叶。

"这片树叶是小鱼小虾的天花板……"霄晓满脑子都是千奇百怪的念头，她出口成章，随时都能编出一个有趣的童话故事来。

"如果你们喜欢这个故事，放学后可以讲给爸爸妈妈听，讲故事的时候可以加上自己的想象哦，这些去旅行的红叶，他们在旅途中又遇到了哪些事呢？……"

森林里有一只小刺猬——
小小的鼻子，
小小的嘴，
一看就知道，
是个小小的机灵鬼。

我一边给孩子们读《后悔的小刺猬》，一边在黑板上画了一只小鼻子小嘴的小刺猬。

他多么想回到森林里，
当个再也不任性的小刺猬……

"你们可以把这个故事画下来哦！"故事讲完了，我给孩子们每人一张图画纸。孩子们特别喜欢画画，好多孩子都喜欢用画连环画的方式画出自己编织的故事。

"你们可以把纸折成几个小格，用几幅图完整地表示故事的意思，每一幅图还可以配上一句话哦，不会写的字用拼音代替。"我提示道。

孩子们的作品总让我无比惊喜，他们的画栩栩如生，图画所配的文字也极其生动简洁。我把孩子们的作品用小夹子夹在教室两侧墙壁的钢丝绳上。课间，孩子们一边欣赏同伴的作品，一边给心仪的作品贴上小贴画用以点赞。

冬去春来，读书节快到了。我告诉孩子们，四月，张秋生爷爷将会来到我们身边。听到这个好消息，孩子们开心极了！

"顾老师准备送给张秋生爷爷一份特别的礼物。"孩子们好奇地猜测着，不知道这份特别的礼物到底是什么，看着他们疑惑的眼神，我笑着说道："一本'小巴掌童话'，不过，这本童话的作者不是张秋生爷爷，而是你们。"

于是，孩子们开始创作属于他们的"小巴掌童话"了。

会跳舞的手套
/ 李尧鸣 /

小兔子有一副漂亮的手套，小熊看了，也想要一副手套，它就去老鼠奶奶的手套店里买了一副。

小熊看见自己买回来的手套在跳舞，它很好奇，往手套里看了看，原来手套里有两条蛇。下雨，天冷，蛇感觉手套里很暖和，就钻进去了。小熊捏着手套回家，生怕不小心把蛇弄丢了。

回家后，小熊给两条蛇做了一个温暖的窝，细心地照顾他们。

熊和蛇成为好朋友。

我也很美丽
/ 冯浩鑫 /

书桌上放着一把五颜六色的蜡笔，它们穿着各种各样好看的外衣，有的红，有的绿，有的黄……小朋友们用它们画绿色的春天，画蓝色的天空，画黄色的秋天……

彩笔们觉得它们是最美的，很骄傲。大家都不喜欢白蜡笔，白蜡笔觉得很伤心，很孤单。

伤心的白蜡笔被冬爷爷看见了，冬爷爷下了一场雪。漂亮的彩色蜡笔没有了用处，白蜡笔在画纸上高兴地上下跳跃，它画出的雪地多美呀！

"我也很美丽！"白蜡笔开心地说。

卷心菜里长白兔

/ 刘霄晓 /

森林里，一只白兔宝宝出生了。

这只小白兔特别调皮，经常趁兔妈妈不注意，自己偷偷溜出去玩。这一天，兔妈妈发现小白兔又不见了，到处找小白兔。

小白兔见兔妈妈来找它，看到母鸡大婶的篱笆旁长着一棵大大的卷心菜，连忙跳过去把卷心菜的叶子扒开，躲了进去。

兔妈妈没找着小白兔，很伤心。正巧，母鸡大婶走过来了，问兔妈妈为什么这么伤心。兔妈妈说："小白兔不见了，这可怎么办呢？"

母鸡大婶笑着说："我也来帮你找小白兔吧。你别急，先到我家坐坐吧！"说完，母鸡大婶就拉着兔妈妈到她家里，忙着准备午饭。

母鸡大婶一边在锅里烧起了开水，一边说："今天的午餐我准备做卷心菜汤。"说完，母鸡大婶就来到篱笆旁，把那棵大大的卷心菜拔了出来，放在水里洗了洗，然后把卷心菜放进了开水锅里。

突然，卷心菜里面发出了声音："哎呀，烫死了，烫死了！"母鸡大婶和兔妈妈都吓了一大跳，母鸡大婶连忙把卷心菜捞了出来，扒开一看，笑了："哈哈，卷心菜里长白兔啦！"

小白兔害羞地低下了头。

读书节那天，高高大大、满头银发的张秋生爷爷站在操场的升旗台上，佩戴着红领巾的他，笑容如孩童般天真。孩子们激动地喊着："张秋生爷爷，张秋生爷爷……"

与美好的童话相遇，与为孩子们写童话的张秋生爷爷相遇，多么美好！童话为孩子们的童年抹上了明亮而温暖的底色，如阳光……

"老师，请再读一遍"

部编版二年级上册"语文园地七"有看图写话的练习，图上画着一只吓得直冒汗的小老鼠，它的面前是一台笔记本电脑，屏幕上有一只猫。

写话之前，自然要先观察图画，然后口头讲讲故事。在前后桌互相讲完故事以后，我便让几个孩子到讲台前讲故事。孩子们的故事开头几乎如出一辙："一天，一只小老鼠来到主人的房间。"

"可不可以不用这样的开头呢？想一想，还可以怎么开头？动画片《猫和老鼠》里的小老鼠名叫杰瑞，你们可不可以给这只小老鼠取个名字呢？名字要特别一点儿哦……"我把写作要求一个一个地抛出来。

孩子们的写话本交上来了，开头果然各不一样，小老鼠的名字也很有意思呢！

妙 计
/赵心彤/

有一只喜欢吃奶酪并且喜欢玩电脑的老鼠，它名叫奶酪。

有一天，它又去玩主人的电脑，可是，电脑上却突然出现了一只大花猫。奶酪连滚带爬地掉下了桌子。从那以后，奶酪再也不敢偷玩电脑了。

原来，主人发现了奶酪在偷偷玩电脑，于是把屏保换成了大花猫，哈哈！

这个故事里的小老鼠名叫奶酪，因为它爱吃奶酪。故事也没有从

"一天"讲起，而是先介绍了小老鼠的爱好。

猫和老鼠
/ 王昱菲 /

在一个暗暗的洞里，有一只叫明月的老鼠。

"咕咕咕"，明月突然听到自己的肚子里发出奇怪的声音，原来是肚子在抗议，它已经很久没吃东西了，早就饿瘪了。它蹑手蹑脚走进主人的房间，想找点吃的填填肚子，却被电脑屏幕上的亮光吸引了，它悄悄走过去。

走近一看，呀！一只瞪着溜溜圆的眼珠子，竖着满身金毛，翘着胡须的猫王正流着口水盯着自己。明月吓出了一身冷汗，一屁股瘫坐在地上，连旁边那香喷喷的饼干也来不及吃，就夹着尾巴溜回了洞里。

故事开头暗暗的老鼠洞和老鼠的名字形成反差，趣味也就来了。这个故事是从介绍小老鼠的住处开始的，不由让人想到这一册课本中的《寒号鸟》和《纸船和风筝》，这两个故事也是从介绍主人公的住处开始的。学习课文时，我曾经引导学生关注故事的开头，并让孩子们思考作者为什么这样开头。不知道昱菲在创作故事时，是不是向课文学习了。

猫和老鼠
/ 章钰宁 /

一天晚上，小老鼠咪咪饿极了。于是，它悄悄地走进了主人的房间找东西吃。

找着找着，咪咪一不小心碰到了电脑旁边的鼠标。突然，前方窜出一只张着血盆大嘴的大肥猫，好像要朝它扑过来。咪咪惊叫一声，吓了一跳，眼泪都快流出来了。于是，立马转身准备逃跑。

这个时候，眼前发生了一件神奇的事情，电脑上的大肥猫不见了，变成了一片美丽的森林和一群快乐的小鸟。咪咪小心翼翼地回到电脑前面，觉得这一切太神奇了……

咪咪长舒了一口气说："吓死宝宝啦！"

前面两个故事的开头很有特色，这个故事的结尾让人难忘！最后一句"吓死宝宝啦"，实在是可爱极了！当然，这个故事里小老鼠的名字也很有意思。很多猫咪的名字叫咪咪，而在此处，名叫咪咪的却是一只小老鼠！

电脑里住着猫
/ 徐嘉忆 /

主人不在，为什么客厅里传来了电脑的声音？原来是小老鼠长尾巴在玩电脑。如果你想知道这是怎么一回事，就听我讲吧。

清晨，主人去上班了，长尾巴溜进房间，看见电脑没合上，就高兴地在上面跳来跳去。跳着跳着，他发现电脑开启了"放照片"模式。于是他拿鼠标点了一张照片。

屏幕上突然出现了一只大猫，露着尖尖的牙齿，瞪着圆溜溜的眼睛，竖着一对小小的耳朵。这可把长尾巴吓得往后退了好几步，一屁股坐在地上，还出了一身冷汗。

长尾巴只想快点逃跑，可是他的尾巴缠在了电线上，怎么也跑不开。于是他用力一拉，电脑插头被拉开了，大猫不见了。

长尾巴松了一口气，拍着胸口说："我一定得把这件事告诉大家，以后不能乱动电脑，电脑里住着一只大猫。"

这个故事里的老鼠名叫长尾巴，这个长尾巴可不是随便取的名字，在故事中，有老鼠尾巴缠在电线上的情节。读到此处，我不由赞叹，"长尾巴"这个名字真是很贴切呢！这个故事的结尾也很有趣哦，我们仿佛看到了长尾巴惊魂未定的模样。长尾巴如果把"电脑里住着猫"这件事告诉伙伴们,伙伴们会不会相信呢?接下来又会发生什么有趣的故事呢?

治猫武器
/ 周子游 /

你瞧,一只小老鼠正蹑手蹑脚地走在电脑桌上。

突然,一只猫出现在它眼前的电脑屏幕上。小老鼠吓坏了,一步一步地向后退。它一脚踩到了旁边的鼠标上,咦?猫怎么不见了?小老鼠抬起脚,猫又回来了!它再踩一下鼠标,猫又不见了!

小老鼠很开心,心里想:"这只鼠标真是对付猫的好武器呀!"它用了九牛二虎之力,将鼠标拔了出来,大摇大摆地去找主人养的猫。

一会儿工夫,小老鼠勇敢地站在猫的面前,哈哈大笑:"我现在不怕你了!"

猫看了看它,就扑了上来。小老鼠赶紧按下了鼠标,可猫继续冲了上来。它拼命地按着鼠标,可是,猫越来越近了!

"吱……"的一声,小老鼠吓得扔下了鼠标,逃进了边上的洞里……

我是笑着读完子游的故事的,孩子们也是笑着听完这个故事的。

"顾老师,请再读一遍!"孩子们竟不约而同地提出了这个请求。我又笑着读了一遍,孩子们又笑着听了一遍。

听子游说,他写这个故事时,也是一边写一边笑呢!

你们，就是"神奇"

一

每周四的早读课，教室里总是显得很空，因为十几个孩子去参加奥数培训了，还有参加电脑兴趣小组、舞蹈兴趣小组的，留下的孩子们读起书来，也没有了往日的兴致。

上周四，我给留下的孩子们读了《鳄鱼哥尼流》这本书。今天，我给孩子们读金子美玲的诗——《草原的昼与夜》。

当我在黑板上写下"昼"，问孩子们是否认识时，孩子们都摇摇头，我却听到一声清晰的"zhou"，那是一苇的声音。

"一苇，你认识这个字，对吧？"

"你是不是刚才听出来是我读的？"一苇咧开嘴笑着，缺了两颗大门牙的她，样子实在是可爱！

"是呀，妈妈教你的《笠翁对韵》里有这个字的，对吧？"

一苇又笑了，直点头。

"这个字是什么意思呢？我们从诗中一定可以找到答案。听我来读读这首诗吧！"

　　草原的昼与夜
　　/金子美玲/

　　白天，牛儿在那里
　　吃着嫩嫩的青草

夜深了
月亮从那里走过

被月光摩挲着
小草儿又在生长
为了明天，让牛儿再来品尝

白天，孩子们去了那里
在草丛间摘花

夜深了
天使从那里走过

被天使踩过的地方
花儿又长出来了
为了明天孩子们再来寻找

　　读完这首诗，孩子们立刻就找到了答案，诗中的"白天"就是"昼"的意思。

　　诗中还有一个词，孩子们不认识，也不太懂，那就是"摩挲"，我走在行间，轻轻抚摸雨彤、传乐和陶孜的小脑袋："这就是摩挲，你们懂它的意思了吗？"

　　有时候，用动作来诠释词语，对孩子们来说，会更直观，更容易理解呢！

　　我又带着孩子们读了两遍，然后问："孩子们，喜欢这首诗吗？说说你的理由吧！"

　　"这首诗特别神奇！"煜凡说。

"说得真好！"我认真地在黑板上写下"神奇"，接着问："你从哪里读到神奇的呢？"

"月光摸摸小草，小草就长出来了；天使一走过，花就长出来了。"

"我喜欢这首诗的最后一节，我想到孩子们看到花时，一定很开心，又可以采花了！"嘉琳暑假刚去过大草原。

"你读到这一节时，是不是想到了自己，你也很喜欢采草丛中的花，对吗？"

"对的。"嘉琳笑眯眯地看着我。

"我也喜欢！""我也喜欢！"孩子们七嘴八舌地抢着说。那一刻，孩子们仿佛已经置身于花丛中了。

"那就带着这份喜欢，再读读这首诗吧！"孩子们读起来，一个个都是笑眯眯的。

"读这首诗的时候，可以把自己想象成诗中的小朋友。当你第二天清晨，来到草原上，看到昨天刚刚被你采走的花，又长出了一大片，你会怎么想呢？"

"一定是香草女巫来过了，是她送给我们花的！"

昨天我刚给孩子们读完一整本《香草女巫》，孩子们特别喜欢这本书。上次秋游时，孩子们买了尖顶帽，一戴上就说："顾老师，看我像不像香草女巫？"

"我要穿像香草女巫那样的长裙子。"

"我想学香草女巫的魔法，我还想骑她的红扫帚。"

香草女巫，好像早已成了我们班的一员呢！

"我觉得是花自己跑来的。"定杰说。

"我觉得他说得有道理，它们一起跑到这里来玩。我家里以前养过花，晚上，我听到花房里有花说话的声音呢！"思涵补充说。

…………

孩子们的发言，几乎就是一首首诗、一个个童话呢！

"孩子们，不妨把你们想象到的写下来，放学前，我们一起来分享哦！"

"顾老师，还有好多同学没有听到你讲的这首诗，他们怎么写呢？"思瀚提醒我。

"谢谢你的提醒哦！顾老师会在课前读诗的时间，读给他们听的，放心吧！"我笑着摸摸他的脑袋，思涵是个很柔软很善良的孩子呢！

二

早上，班主任华老师说她第二节要听课，和我调了课，由我上第二节课。可是，当我走进教室，教室里却是空无一人，华老师的手机在讲台上，自然无法联系她。孩子们到哪里去了呢？我连忙去阶梯教室里看看，也没有！

"会不会是香草女巫把他们变走了呢？"想着，我自己都忍不住暗暗笑起来，香草女巫真的成了我们生活的一部分了。

我在空无一人的教室里一边批改作业，一边等着孩子们。

"啪啪啪"有孩子们跑步的声音传来，语晗、可昕、若宁跑着回来了。

"我们去体检了，跑了很远的路。"若宁气喘吁吁。

"哦，原来是去体检了，顾老师找了你们好一会儿呢。"我回答道。

"我刚才还担心，你上课时看我们不在，不等我们呢！"语晗一边说，一边抱着我的手臂。

"顾老师怎么可能不等你们呢。"我笑着摸摸她的小脸蛋儿。

"顾老师，我先帮你擦黑板，待会儿，你就可以好好给我们上课了！"可昕拿起了黑板擦。

"谢谢你哦！"我看着她忙碌的身影笑着说。

孩子们陆陆续续地都来了，终于可以开始上课了，可时间几乎过去了一半。

"顾老师刚才看你们都不在，你们猜猜顾老师是怎么想的？"

"你以为我们躲起来了！"

"你以为我们去操场上体育课了。"

"你以为我们被香草女巫带走了!"

……………

哈哈,我和孩子们还真是心有灵犀呢!

"不如,这半节课我们就写写香草女巫的故事吧!"

神奇花
/ 潘宣仪 /

夜里

小香草

变出一丛丛花

清晨

孩子们来采花

采光啦

晚上

小香草

又变出一丛丛花

早上

孩子们又来玩

咦,怎么花又长出来了

大树后面

小香草

偷偷地笑

宣仪把这首诗交给我的时候,只有前面两节。"写得还不错哦,可是，好像还不够有趣，再想想看，该怎么修改才更有趣呢？"

宣仪继续埋头写。过了一会儿，她又将修改过的小诗拿给我："顾老师，我改过了，我加了一小节，我觉得这样有趣多了！"

我看了看，果然，真是有趣多了呢！

若宁写了好几页香草女巫的故事："顾老师，我觉得我还可以写好长好长，可是，我现在想先停下来，该怎么办呢？"

我接过若宁的本子看了起来，一下子就被她写的故事吸引了！

香草女巫
/ 夏若宁 /

第二天，香草上学的时间到了。

可是，香草还在床上呼呼大睡，以致她都忘记带蝌蚪龙去上学了。虽然香草没有迟到，但是被金泼罗老师骂了一顿。

金泼罗老师生气地说："香草，我前天不是已经告诉过你了吗？今天要带蝌蚪龙来学校教大家喷火咒。"

每次被金泼罗老师批评时，香草都是忍住不哭的。可是，这次香草再也忍不住了，几滴豆大的泪珠从她的小脸儿上滑了下来。

奇怪的事情发生了，滴在地上的泪珠变成了一颗颗珍珠！

所有的女巫都"啊！啊！"地叫起来。

这时，下课铃响了，女巫们冲出教室，团团围住香草。一个胖胖的女巫说："香草，你是怎么变出珍珠的呢？"其他的女巫，也都在纷纷议论着。

趁着女巫们乱哄哄地说话时，香草偷偷溜了出来，骑上她的红扫帚飞走了。

一个女巫发现香草突然不见了，再看看放扫帚的架子，那把崭新的红扫帚也不见了！

若宁的故事真的棒极了！《香草女巫》这本书中的金泼罗老师特别特别凶，每次讲到他发火的段落时，孩子们总会说："幸好金泼罗不是我们的老师！"

若宁的故事里，金泼罗老师依旧是很凶的，而且她设计了让蝌蚪龙教女巫喷火咒的情节，在原先的故事里，蝌蚪龙的确是会喷火的。若宁这是在续编故事呢！

我对她说："你现在不想写的话，就说以后的故事，下次再讲给你们听吧！"若宁笑着点点头，又在本子上添了这样一句："香草到底去哪儿了？下次我再告诉你们吧！"

还有好多孩子写了精彩的香草女巫的故事，我也下回再告诉你们吧！

周末"静时光"

小学老师都知道,周一上午的第一节课和周五下午的最后一节课,是最难上的。

又是周五,最后一节是自习课,由我来上。

走进教室,我问孩子们:"大家是想听顾老师讲故事呢,还是自己看书呢?"

在众多"讲故事"的响亮回答中,夹杂着几声"自己看书"。

"顾老师先给你们读《豆蔻镇的居民和强盗》的第三章《倒霉的一天》。剩下的时间,由你们自由安排,好吗?"

"好!"孩子们很满意这样的安排。

我讲完故事,孩子们几乎都从抽屉或书柜里取了书,安静地阅读着。二年级和一年级,真是大不相同。

记得一年级,孩子们自由看书时,总会有一些孩子频繁换书,那是因为他们认识的字很少,读绘本就是看看图,一本书很快翻完,又继续翻下一本。现在可不一样了:一些识字多的孩子,即使不是注音读本,他们的阅读也几乎没有大的障碍了;识字不太多的孩子,借助拼音,也基本可以读完整本书了。

孩子们看书,我也看书,我看的是林良先生的《浅语的艺术》……

陶孜轻轻走过来,手捧《新华字典》问道:"顾老师,你可以告诉我,'丑陋'的'陋'是哪个字吗?"

她手中的字典,打开在317页。我把"陋"字指给她看,并指着义项中的"丑陋"一词,她笑眯眯地点点头,那笑容里有着"众里寻他千百度,那人却在灯火阑珊处"的意味……

自从我教会了孩子们用音序查字法查字典后，我常常鼓励孩子们，遇到自己不会写的字，可以多多请教字典老师。

陶孜回到座位，对着字典，认认真真地把"陋"字抄写到作业纸上。那情形，真的很美好……

希希也在低头写着，她喜欢《月亮的秘密》扉页上的那几句话，于是便铺开漂亮的彩纸，一笔一画，工工整整地抄写着……

"顾老师，我想到了一首诗。"家乐告诉我，他轻轻地附在我的耳边，念起了他的诗。听着，听着，我听出是早读课上我们共读的《天空的颜色》给了他创作的灵感。

"把你的小诗写下来吧！"我拍拍他的肩膀。家乐拿出纸和笔，开始写他的小诗，不时地还陷入沉思，是不是在斟酌某行诗句呢？他那凝神的模样，真是可爱！

课前，若宁曾问我："顾老师，我可不可以继续编写香草女巫的故事？"

"当然可以呀！"

若宁告诉我她的构思，我知道，香草女巫的精彩故事又将在她的笔下诞生了……

果不其然。放学前，若宁把她写的香草女巫读给我听，比我想象中的还要精彩。

上次，若宁写的故事的结尾是这样的："香草到底去哪儿了？下次我再告诉你们吧！"所以，这次故事的开头如下。

原来，香草飞过了田野，穿过了小溪，一直飞到一个陌生的地方。那里，是一片森林，森林里有一座房子。

香草仔细一看，原来这是金波罗老师的房子。这座房子长得很像金波罗老师的脸，眼睛是窗子，嘴巴是门；房子里，还传来一阵阵喷嚏声……

香草悄悄地走进房子，"啊！"她不由得喊了一声。

房子里很乱，茶杯里有一只袜子，阳台上的洗衣筐里的衣服堆得像山一样。香草觉得金波罗老师的家里，乱得就像强盗来过一样。

这时，金波罗老师发现了香草，他不禁羞红了脸。他一步一步走下楼梯，来到香草面前，一言不发。

接着，他念起了咒语："施罗底，多罗米。老鼠胡子，蜻蜓翅，快把香草送回家。"

金波罗老师的咒语刚念完，香草就感到一阵头晕。等香草醒来时，她发现自己躺在家门口的草地上。

接下来的香草女巫，还会有哪些精彩故事呢？我真的很期待呢！

若宁告诉我："这本田字格本已经写完了。"说着，她在封面上的"香草女巫"这几个大字下面，郑重地写下了"作者：夏若宁"。

当孩子们把神奇的想象变成文字的那一刻，写作一定是愉快的！

周末的最后一节课，我和孩子们各自安静地做着自己喜欢的事。此刻，教室里的静谧，如此美好！

哦，我们的周末"静时光"……

静静地教书，悄悄地甜蜜

教一年级的辛苦与疲累，大概只有亲历者才能真正体会。我忙碌一天后，晚上腿脚总是肿得厉害，只好叠一床被子，用来搁脚，到第二日清晨，腿脚还未完全消肿……

教一年级的幸福与甜蜜，大概也只有亲历者才能体会。我一早到教室，孩子们陆陆续续来了，我让孩子们读读语文书，读读《新经典·日日诵》，孩子们竟齐声背起了《新新的九月》，童声清脆，特别动听！新新的一天，就这样开始了！

语文课上，我教单韵母。

"你们知道这个'单'是什么意思吗？"我指着板书问。

"不就是'简单'的'单'吗？"我话音未落，定杰就接上话来。

"这个'单'的确是'简单'的'单'，可是，这个'单'并不是简单的意思哦！"我一边解释，一边提醒他发言要举手。

"我知道，这个'单'表示一个，它旁边没有其他的字母。"昕宸急忙说，还用手在身体周围划了一圈，表示旁边什么也没有。那模样可爱极了！

班里的孩子拼音基础差距较大，有的已经可以拼读音节，有的连单韵母也读不出。这样的差距自然给教学带来了难度。

对早就学会的孩子来说，若按部就班地教学，他们没有新鲜感，自然会对上课失去兴趣。对没有学过的孩子来说，若加快教学进度，他们必定会学得吃力。究竟如何是好呢？

课堂上，我给孩子们示范朗读后，请几个读得好的孩子当小老师。小老师领读时，孩子们学得特别投入。

全班齐读，自然是无法检查出哪些孩子没有真正掌握的。我分组检查，发现果然有几个孩子口型不对，发音不正确。

所谓"学过"，并不一定是真正"学会"了。对发音不正确的孩子，教师要一遍遍地示范、纠正。

范写字母时，我刚写完，思翰就叫起来："写得太好看了！"

"谢谢你的夸奖，可是上课发言要记得举手哦！"我的话还未说完，定杰和宇鑫竟将手臂高举过头顶，还噼里啪啦地鼓起掌来："写得漂亮！"

孩子们以如此热烈的方式赞美，真是让我哭笑不得。我不得不重申："上课发言要先举手！"

下午第一节课，我教孩子们在作业纸上练习写字母，我从握笔姿势教起，自然又是状况不断。那情形让我想起"打地鼠"的游戏，不断有小地鼠探出洞口。你刚在这边指导一个孩子的握笔姿势，那边就闹腾起来；你刚安顿好那边，这边又不消停。

几个孩子一拿到作业纸，就把它当作画纸，作起画来。我赶紧又教育孩子们，可不能在作业纸上乱涂乱画。

孩子们书写的水平有很大的差异：陶孜、李玉等几个孩子写得工整漂亮；大部分孩子却写得歪歪扭扭，字母大小胖瘦也极不均匀……

要想让孩子们练好字，也非一朝一夕之功，不仅要严格要求，还要热情鼓励。

我展示了几份写得漂亮的作业，隆重地表扬，然后再委婉地指出："如果这几个字也能写得漂亮就更好了！"孩子们是很有上进心的，听我这一说，都会主动地擦去写得不好看的字母，再次练习。

第二节课，我批阅了孩子们第一天"读写绘"的作业，孩子们以图画的形式，展示了自己给爸爸妈妈讲故事的情形，有十份作业完成得很好，我一一拍照传到班级 QQ 群里。

放学前的一个小时，我给孩子们展示了优秀作业，剩下的时间就让孩子们阅读绘本。绘本是几位热心的家长一早带到学校来的，看着他们提来一袋袋的书，我真的很感动，一再说"谢谢"。

绘本发下去，我发现有的孩子很快就进入了书中的世界，看得很痴迷；可有些孩子却无法安静地看书，东张西望，不停地讲话。

对于没有养成阅读习惯的孩子，如此放手让他们自由阅读，并不能让他们爱上阅读。那如何让他们爱上读书呢？我也还在思索着。不过，如果每天都能给孩子们提供固定的阅读时间，提供精品读物，提供安静的阅读环境，再辅之以阅读兴趣的调动，阅读方法的指导，孩子们终究是会爱上阅读的。

我期待着一（6）班的孩子，能像我以前带过的那些孩子一样，把阅读当作一件快乐的事，当作生活中不可或缺的事！

我记得好几个早已大学毕业的孩子曾经和我聊过，他们之所以一直保持着阅读与写作的习惯，是因为读小学时我对他们的影响。哪怕是高中和大学选择了理科，他们依旧保持着对文字的热爱。听他们这样说，我心里真是满满的甜蜜，对语文老师来说，还有什么比在孩子们心中播下热爱文字的种子，更令人欣慰呢？

做老师的甜蜜，不仅源自遥远的回忆，还有放学前的小插曲。

思翰同学被我留在教室里等妈妈，我告诉他，我单独留下他是为了告诉他妈妈，他今天比昨天进步了不少。听了我的话，他先是端正了坐姿，而后又把小脸蛋儿搁在我的手背上，轻轻蹭了蹭，甚至在我和他妈妈交谈时，亲了亲我的面颊。

作为一年级的孩子，他们总是以自己的方式，表达着自己的感情。比如这温柔的贴面吻，比如佳熠拉着我的手，悄悄地对我说："你像我的妈妈一样……"

甜蜜，就在这一刻，悄然滋生……

第三辑

珍惜孩子
的光

珍惜孩子的光

放学前,一苇来到我的办公室,她用了不到一分钟的时间,就捏出了一只蓝鸟。随后,一苇又在石块旁加上一丛小草。接着,只是三两下,一苇又捏出一只小鸟,她让大鸟驮着小鸟,鸟妈妈和鸟宝宝面对面,它们的长喙间还有一枚小小的爱心。

一苇又从口袋里掏出一袋白色的陶泥,捏了一只头顶长羽的白色小鸟。那一刻,我突然想起口袋里装满昆虫的法布尔……

一苇对花草树木,对鸟兽虫鱼,对世间万物总是充满好奇。我曾见过她凝视一朵花的专注,我曾分享过她发现一只小虫的欢喜。而这一切,不仅入了她的眼,而且入了她的心。她两三笔勾勒出来的画总是充满神韵,几块陶泥在她手里随意地揉一揉、搓一搓,就成了活灵活现的泥塑作品。

"一苇,暑假里,如果你捏出得意的作品,就请妈妈拍照发给我欣赏哦!"临别时,我对一苇说。

"好的,妈妈,拜托了。"一苇对着妈妈抱抱拳。

回家的路上,一苇又创作了令我无比惊艳的作品,那只彩羽的鸟儿,似乎要从一苇的手中扑棱棱地飞起……

一苇妈妈又翻出一苇曾经的陶泥作品,这些作品已被束之高阁。欣赏着这些作品,我似乎感受到了作品中藏着的一个个故事。我对一苇说:"一苇,我很想听听你作品里的故事哦!"

一苇是个充满艺术天赋的孩子,她画的蝴蝶几乎可以翩翩起舞。同学们围着一苇,看着她画蝴蝶的情形,仿佛就在我眼前。一苇每画好一只蝴蝶,必定会有一只只小手伸过来:"一苇,给我吧!""我也想要!"

于是，一苇乐呵呵地画了一只又一只蝴蝶。令我惊叹的是，她送出的每一只蝴蝶都不一样呢！她也送给我一只蝴蝶，色彩斑斓，很是好看！

我还记得一苇制作的九尾狐，她兴奋地摆弄给我看："顾老师，你看，狐狸的尾巴会动呢！"

我真的不知道，一苇是怎样制作出那一个个极小的铅丝环，又是怎样用那一个个极小的铅丝环把九条狐狸尾巴全都拴在狐狸的身体上的。整只狐狸还没有一苇的手心大。这是多么精细的工程！这得需要多少耐心呀！

一苇就是这样的一个孩子，她极有艺术天赋，却似乎对自己的才气浑然不知。她的文字，她的画，她的手工作品都是一派天真。记得她的那篇《狗狗哈利》，曾让我感动得落泪……

一苇妈妈曾和我商量，暑假里要不要给一苇报语文补习班，我立刻回答："千万不要！"

一苇对文字的理解力和感受力都很棒，她读了很多书，背了很多古诗词，难道非要考出满分或者接近满分的分数，才能证明语文学得好吗？

"暑假里，就让一苇画画、做手工吧，这是她最喜欢的，也是她最擅长的。还可以让一苇讲述她作品中的故事，你就帮她记录下来吧！好的教育绝对不是一味地补短，而是尽可能地扬长。一苇的艺术天赋，是上天赐予她的珍宝，一定要好好珍惜！或许将来，这就是成就一苇的一条路，这条路是通往远方的……"我向一苇的妈妈建议道。

每个孩子都是自带星光的，家长和老师都要好好呵护孩子拥有的星光，并给予孩子最大的支持和帮助，让这点点星光更明亮！

这光不仅可以照亮孩子的每一天，甚至会在某一刻，这光可以照亮整个世界……

只拣儿童多处行

秋游，学校安排我和二（1）班的孩子们同行。一进门，我就听到几个孩子欢呼着："顾老师来了！"循声望去，原来是儿童诗社的几个孩子，他们向身边的伙伴介绍着："顾老师是教我们儿童诗的老师！"

去动物园的途中，孩子们小声交流着，他们几乎都和爸爸妈妈一起去过动物园，可这丝毫不妨碍他们再次游玩的兴趣。他们对即将到来的动物园一日游充满了期待，小脸儿上满满的都是兴奋！

进了动物园，孩子们一路都在和动物们打招呼！一只袋鼠躺在木屋前的草坪上晒着太阳，孩子们欢呼着："袋鼠！袋鼠！"他们对着袋鼠不停地挥着小手，虽然袋鼠不为所动，但却丝毫不影响他们的心情，他们又兴冲冲地赶往下一个动物展区。

展区前，有两只小熊正在散步，我听到一个孩子对着小熊喃喃自语："小熊，你还记得我吗？我一直给你喂食的呀！"小熊自然是听不懂她的话，慢悠悠地走了，可是那个对着小熊说话的孩子却是一脸的满足，她觉得小熊一定是认得她这个老朋友的。

来到狐猴岛，这是我第一次看到狐猴。狐猴很好看，特别是尾巴，黑白相间，毛茸茸的。起初，有的狐猴钻进山洞里，只露出一截儿尾巴，有的远远地站在栏杆上。"狐猴，过来呀，来看看我们吧！"狐猴似乎是听懂了孩子们的话语，来了一只又一只……

其实，这些动物，孩子们已经看了多次，可是他们依旧如初见般欢喜雀跃，他们对这个世界充满着好奇，充满着热情。即使人到中年，我也不由自主地受到他们的感染，仿佛回到童年！

孩子们的博学也令我惊叹不已！参观鸸鹋时，带队的年轻导游并没有细看护栏上挂着的动物名片,他在队伍前面挥着手说:"小朋友们,来看鸵鸟!"孩子们纷纷围上来。

"这不是鸵鸟,是鸸鹋;鸸鹋脖子上有羽毛,鸵鸟脖子上光秃秃的,没有羽毛……"一个小男孩的声音不算大,可恰好站在他身边的我听得清清楚楚。我还真的不知道这看似是鸵鸟的动物却不是鸵鸟,再看看护栏上果然有着"鸸鹋"的介绍:"栖息于草原、森林和沙漠地带。结小群活动,擅长奔跑。以野草、昆虫等为食……"

我情不自禁地向小男孩竖起大拇指:"你说对了,真的是鸸鹋而不是鸵鸟哦!"后来我们又去观赏鸵鸟,果然,鸵鸟的脖子上是没有羽毛的。

"老师,你看,这只梅花鹿一定很健康,它的鼻子湿漉漉的。"一个小女孩指着迎面走来的梅花鹿向我介绍。

"哦,你怎么知道鼻子湿漉漉的就代表着健康呢?"我很好奇,继续追问着。

"小狗的鼻子湿漉漉的就表示身体健康,梅花鹿一定也是的。"好厉害的孩子,竟然从小狗的鼻子联想到了梅花鹿的鼻子。

我也是个好奇心特别强的人,于是当即拿出手机上网查询,果然如小女孩所言,小狗的鼻子湿漉漉的,凉凉的,是身体健康的标志。和孩子们在一起,我真的可以学到很多很多,在信息飞速传递的时代,孩子们学习的渠道多种多样,远远不像古代口耳相传般的单一。许多学生储备的知识远远超过老师,很多时候,他们是老师的"老师"!

午餐时间到了,孩子们分组摊开桌布,开始野餐。孩子们纷纷把自己带来的糕点、水果、饮料等分给同伴,分给老师。这时,"分享"这个词就变成了如此生动而具体的画面。他们把食物递给我时,几乎是塞到我嘴里。我一再道谢,一再推辞,还是被孩子们"喂"得饱饱的。

"我真的饱了,吃不下了,我比平时在学校食堂里吃得还要饱。"我只能对再次递给我食物的孩子致歉。

"你或许只是感觉饱了,其实你的胃并没有饱呢!"为了劝我收下他递来的饼干,他如此说道,我不禁被他逗笑了。

孩子们不仅懂得分享，还很会关心人。来动物园的路上，导游站在驾驶座旁边，拿着话筒和孩子们交代游园注意事项。司机一个急刹车，导游站立不稳，差点摔倒。孩子们立刻关心地说："导游哥哥，你快坐下吧！"那个大男孩听了孩子们的话，心里一定也是暖暖的吧！

午餐时，发生了一个小小的意外。一个淘气的小男生扔树枝玩，一不小心砸在我的腿上。他立刻冲过来说："老师，对不起！"他一边向我道歉，一边用小手揉着我的腿，"老师，你还疼不疼呀？"他一脸关切。

"没关系的，不过这树枝上有刺，还是别玩了，很可能会伤了自己或伤了同学哦！"他听话地点点头，轻轻地把树枝放下。

更让我感动的是孩子们都有一颗悲悯之心。观赏麋鹿时，他们对照动物名片上的麋鹿照片，发现园子里的麋鹿都没有角。"麋鹿不开心，一定是因为它们的角被拔了，对不对？"他们围着导游问。

"它们头上的角很尖，大概是怕它们会伤害同伴，所以就把角锯了。"

"麋鹿好可怜哦！它们一点儿也不开心！"孩子们的语气和目光里充满了同情，我望着那一群本该顶着美丽的鹿角在水草丰茂处散步、觅食、嬉戏的麋鹿，现在却被关在这小小的栏圈里，心里也是一阵难受！

他们看到了脖子上缠着金属颈链的大象："大象一定很难受，一定不想戴着这颈链，它总是扭动脖子想把颈链拿走。"

他们看到鹦鹉从架子上掉下来，却被一根链子悬在半空中，鹦鹉凄厉地尖叫着。"老师，快救救它，鹦鹉快要被吊死了！"我和孩子们怀着同样的担心，正想去找管理员时，鹦鹉自己重新跃上了架子，我和孩子们这才放心地离开了。

来到天鹅湖，他们惊叹着："天鹅好美呀！"当他们从导游那里得知，这里所有的天鹅都被剪去了一边的翅膀，再也不能飞翔时，他们的眼里饱含泪水！

每个成人，当他还是儿童时，一定对这个世界充满了好奇，也对世间万物存有悲悯之心。可是当他们渐渐长大，有的人几乎忘记了自己也曾是个孩子，忘记了自己孩童时拥有的一切美好。

我不禁想起《小王子》的作者安托万·德·圣埃克苏佩里的那段话："我们整天忙忙碌碌，像一群群没有灵魂的苍蝇，喧闹着，躁动着，听不到灵魂深处的声音。时光流逝，童年远去，我们渐渐长大，岁月带走了许许多多的回忆，也消释了心底曾经拥有的那份童稚的纯真，我们不顾心灵桎梏，沉溺于人世浮华，专注于利益法则，我们把自己弄丢了。"

我庆幸，我是个小学老师。我庆幸，我可以经常和孩子们在一起，感受他们纯洁的心灵、敞亮的灵魂。我庆幸，我可以时时以孩子们为师，而不至于失去灵魂，不至于忘记我曾经是个孩子……

"我来试一试，好吗"

早读课，孩子们读完拼音，又开始了《新经典·日日诵》的朗读。我们先是复习儿歌《老师的手》，孩子们不仅能流利背诵，夏若宁同学还编写了一首以"老师的手"为题的儿歌呢！

接着是朗读一首新儿歌——《交朋友》。这首儿歌是可以边朗读边做游戏的。我和孩子们一起伸出手指。

我读"食指拇指碰一碰，做只小鸡"，孩子们立刻发出"叽叽叽"的叫声。

我读"食指中指并并拢，做把剪刀"，孩子们赶紧接上"咔嚓嚓"。

我和孩子们又一起捏紧了拳头，我读"五个手指捏捏紧"，孩子们齐声说"咚咚咚"。几个淘气的男孩还用小拳头敲着桌子，发出"咚咚咚"的声音。

我读"两个小指勾一勾"，顺手就用小手指勾住身边陶孜的小手指，我说："我们来做好朋友，我叫顾文艳，你叫陶孜。"

陶孜笑了，孩子们都笑了！

大家一边读儿歌，一边在游戏中介绍自己的名字，多好！我让孩子们先和同桌练一练，下课以后，还可以和其他小朋友练一练。

几遍过后，可昕同学第一个举手背诵，接着是家乐同学。他们背诵时，其他孩子还是会主动地配音——"叽叽叽""咔嚓嚓""咚咚咚"。当他们读到最后一句时，孩子们会齐声叫出他们的名字。

背诵的孩子，倾听的孩子，一个个都很开心！

"还有谁愿意来背一背呢？"我问道。

"顾老师，我来试一试，好吗？"霖霖轻轻地说，她举着小手，眼神中充满了期待。

"好呀，请你来试试吧！"我摸摸她的小脸儿。

霖霖背诵得很流利，我和孩子们一起把掌声送给她。

这轻轻的一声"我来试一试"，让我莫名地心生感动！

霖霖应该是鼓足了勇气，才说出"我来试一试"的吧？因为她不确定自己能不能背诵，但是她愿意试一试！

霖霖的声音很轻，如果我不注意倾听，或许霖霖失去的就不只是一次发言的机会，还会丧失那好不容易鼓起的勇气！

李政涛教授在《倾听着的教育》中这样写道："教育者倾听的根本目的是倾听生命和呼应生命。但生命并非抽象的生命，而是具体的生命，是'具体的个人'。"

我不禁想起开学第一天，排座位的时候霖霖告诉我，她的听力不太好。我告诉周老师这个情况，特地安排她坐在第一排。这么美，这么可爱的小女孩，怎么听力有问题呢？那时，我心里真的好难受！

第二天遇到了霖霖的母亲，我小心地询问霖霖听力的问题，没想到竟是一场误会。原来霖霖在专注地做自己的事情时，妈妈和她说话，她总是听不到，妈妈就说霖霖的耳朵不灵。没想到霖霖记在了心里，在排座位时，还特地告诉我这个情况。

我心中释然！

"回去后，你要和霖霖把这件事讲清楚，不要让孩子的心里留下阴影哦！"我向霖霖的妈妈叮嘱道。

如果不注意倾听，又如何消除这个误会呢？或许霖霖会一直认为自己的听力有问题，或许霖霖会因此背上沉重的思想包袱，我不敢想太多。幸亏只是一场误会，幸亏及时解开了误会，幸亏还有机会补救……

"作为一个真正的倾听者的教师，必定是这样的：他怀着深深的谦虚和忍耐，以一颗充满柔情的爱心，张开他的耳朵，满怀信心和期待地迎接那些稚嫩的生命之音。这样的倾听由于根植于生命的大地，根深蒂固，顺风摇摆，时常静默沉寂，但又潜藏着创造的活力，它的全部目的无非在于：为了在空中绽放花朵，凝结果实。"

　　读着李政涛教授的这段文字，我默默地问自己："我是一个真正的倾听者吗？"

　　或许，只有与我朝夕相处的孩子们才可以给出答案……

糊弄孩子,你敢吗

"老师想糊弄我们呗!"楚珩吐词清楚、声音响亮且抑扬顿挫,听课的老师哄堂大笑。这是发生在一节公开课上的一幕。

在那节公开课上,我检查生字词朗读时,首先出示的词语是按照它们在课文中出现的先后顺序排列的,待孩子们朗读后,我将词语重新排列。

　　蓝天　白云
　　小河　鱼儿
　　泥土　种子
　　祖国　我们

我提出"老师为什么把词语重新排队"这个问题,意图让孩子们发现词语一一对应的规律:蓝天是白云的家,小河是鱼儿的家……

楚珩举手答:"老师想糊弄我们呗!"

其实,楚珩并不是不会回答,而是故意这样说的。楚珩很聪明,也很有个性,用楚珩妈妈的话来说:这孩子脾气有点儿大。

在先前读词语的环节,楚珩一会儿趴在桌子上,一会儿动来动去,桌凳不停地发出响声。我走过他身边时,用眼神提示他,他很快领会,虽然身子不再动来动去,但心情已经不好了。所以,这样的回答并不出乎我的意料。

"我可不敢糊弄你们哦!"我笑着回答。

不敢糊弄孩子,这绝不是我随口说说而已。

记得五年级上册的《品德与社会填图册》上有一道填空题：你喜欢班主任吗？为什么？

在批改作业时，我深刻地懂得：每个孩子都是心明眼亮的，老师绝不可以糊弄他们；老师的一言一行，都被孩子们看在眼里，记在心里……

第一个问题的答案，无一例外，孩子们都写上了"喜欢"。可是第二个问题的答案却"仁者见仁，智者见智"！

理由一："顾老师总是微笑着给我们上课，我喜欢老师微笑的样子，很灿烂。"

…………

理由五："顾老师很公正，从不偏心。老师让我们自己推选班干部，表彰的同学也是我们自己选出来的。"

理由六："顾老师要求我们做到的，她自己也一定做到。不管天气多冷，她都陪我们一起做操。学校规定做操时不准戴手套、围巾，顾老师手上长了冻疮还是坚持不戴手套。"

以上是我罗列的几点主要理由，最后两点理由，让我不禁感叹：孩子们的眼睛最明亮，孩子们的心灵最纯洁。

记得推选班干部的时候，我们班的孩子有的自荐，有的推荐别的同学。即使是自己的竞争对手，他们也能非常公正客观地表达自己的欣赏和赞美。那时候，我真的感觉到孩子们是我的老师。当很多成年人为了名利钩心斗角时，要想做到如此真诚地赞美自己的竞争对手，该是多么难！

我对待每个孩子都一视同仁，因为我希望孩子们在公平公正的环境中健康成长，我希望他们长大以后，也能拥有一颗公平公正的心。

如果老师做不到公正，我想，那些被老师忽视甚至歧视的孩子，他们幼小的心灵必定会留下创伤，那些伤口甚至一辈子也无法真正愈合。而那些被老师特别优待的孩子，也未必能健康成长，娇溺往往会宠坏孩子！

如果老师的行为有失公允，哪怕做得再巧妙，聪慧的孩子们也能一眼识破！所以，老师不要心存侥幸，不要以为孩子们小，不懂事，其实他们什么都懂得，只是有时候不敢言说罢了！他们的心里是一清二楚的。

　　我无法想象，如果我不能做到公平公正，那么我又如何直视那一双双清澈明亮的眼睛。他们真的会一直一直看到我的心底，看到心底的那个"小我"……

　　老师是学生的榜样，要孩子们做到的，自己当率先而为。老师只有"言必行，行必果"，才能得到孩子们的信任！

　　我经常对孩子们说的一句话就是："向顾老师看齐！"

　　大扫除时，我和他们一起劳动；课间操时，我每一个动作都力求做得标准到位；板书时，我把字写得工工整整……我希望用自己的一言一行去影响孩子们。

　　糊弄孩子，你敢吗？我不敢！真的不敢……

秘密约定

学期末，每天我都会安排孩子们默写一个单元的生字词，再加上两首必背古诗。我仔细批改每一本听写本，用"火眼金睛"捕捉错别字，一个都不会放过。长此以往，寻找孩子们作业本中错别字的习惯，几乎成了我的一种条件反射。一看到错别字，我就会情不自禁地找出来。商场的宣传广告，产品的说明书，阅读的报纸杂志，那夹杂在密密麻麻的文字中的一两个错别字，总会"主动"跳出来，没有一个会被我忽视。这或许就是语文老师的职业习惯吧！每天长时间地埋头改作业，我累得腰酸背疼。最痛苦的是，我的颈椎病又犯了，颈椎疼得厉害，头也晕晕的。

听写本上，每错一个字扣五分。错了超过八个字的，就算不合格。放学后，我还得为那些默写不合格的孩子再听写一遍，再批改一遍。每个单元差不多有十多个孩子要留下来重新默写，小韬就是其中一个。三年前接这个班的时候，我就发现小韬对数学感兴趣，学得也很轻松，可是他在语文学习方面总有些困难。

小韬其实是个非常努力的孩子，上课听讲总是很认真，作业书写也是工工整整。所以，每次看到他语文测试成绩不理想时，我的心里就很难过。平时就很少笑的他，面对试卷上的分数时的那份黯然，总会让我的心隐隐作痛！第一、第二单元，小韬听写的成绩都是不合格。他拿到听写本时郁郁寡欢的神情，刺痛了我的心。

批改第三单元的听写时，我数了数，小韬共错了十个。按照惯例，他今天放学又得留下来重新默写了。

可是，我真的不忍心再看到他眉头紧蹙的神情，这个瘦瘦弱弱的男孩总让我心生怜意。听他的母亲说，他的胃不太好，一直在吃中药调理，医生建议他在两顿正餐之间适当吃些干粮。他却告诉母亲学校规定不准吃零食，所以从不肯带干粮到学校。

听了他母亲的诉说，我特地找他谈心，告诉他可以带着干粮来学校，在课间吃。可是，即使我允许了他带干粮，他却一次都没有带来吃过。他告诉妈妈，别的孩子都不吃，他也不可以破例。

这样一个严格自律的孩子，怎会不惹人爱怜？想到这些往事，再看着面前的默写本，我的心又开始隐隐作痛！

他若是一个顽劣的孩子，学习不用心，默写不合格，我或许不会有如此心痛的感觉。可是，他是这样一个懂事的孩子，学习上也从没有偷懒过，我又怎能不替他难受呢？

我轻轻地把他唤到面前："昨晚复习第三单元的生词了吗？"我轻柔地问他。

"复习了。"他埋着头回答。

"怎么复习的？是妈妈给你听写的吗？"

"是的。"他抬起头来，我看到的是一双清清亮亮的眼睛，一双似乎随时会流泪的眼睛。

"妈妈给你默写的时候，这些你都写对了吗？"

"是的。"

"是不是因为老师报生词的速度太快，你来不及写，才会错这么多呢？"我问孩子。过了一会儿，他点点头。

"你默写得不好，老师也有责任。今天，老师就算你默写合格，你可以不用重新默写了，这是我们的小秘密哦！明天，老师报生词的时候速度慢一些。今晚，你好好把第四单元复习复习，争取明天默写取得好成绩，好吗？"

他重重地点头："好！"

第二天的默写，他竟然只错了三个字！我在他的作业本上除了打分，还写下这样的话："你的进步好大哦！老师真为你高兴，加油，继续努力吧！"当我把听写本递给他时，他的脸红红的，眼睛里跳动着喜悦的火花。

放学铃声响起，当我宣布默写合格的孩子排队放学时，我发现他很快背上书包，满面笑容地和我道"再见"。那背在他身上的又大又重的书包，也似乎变轻了。此刻，我能感觉到他内心的喜悦，这毕竟是他第一次真正默写合格呀！

可是，不知为何，他那难得一见的笑容，竟然绚烂得让我几乎落泪！我多么渴望这样的笑容不会像昙花般短暂，我多么希望他的笑容永远像阳光一样灿烂！

"你还会来吗"

走进这所乡村小学，满眼的绿让我的心一下子变得宁静。粉蝶在花丛间翻飞，偶尔飞过的几只小鸟，斜侧着身子，轻轻掠过树梢，又飞向蔚蓝的天空。教室里书声琅琅，我看看手表，现在还是早读课的时间。

我看了看活动安排表：第一节是听课，三（3）班的语文课《槐乡五月》；第二节是我的童诗课，也是这个班。我想："孩子们要连着上两节公开课，会觉得累吧……"

在第一节语文课上，我除了听课，就是观察班里的孩子，大多数孩子很投入，只有两个孩子有些特别：一个是靠墙坐的穿黄衣服的男孩，不时地玩着手中的钢笔，手上的墨水又被抹到了脸上，好似长了一圈蓝色的胡子。他还故意用手臂轻轻撞同桌，或许是希望同桌能和他一起玩耍吧，奈何同桌不理他，他显得百无聊赖。他一次次地转过头来，目光在教室后排听课老师的脸上逡巡，好几次都和我的目光对接。一节课下来，他几乎就没有听讲，老师用眼神示意了好几次，他依旧我行我素。

另一个是穿着灰蓝色的方格连帽衫的男孩，老师带着孩子们一起朗读时，他闭着眼睛，嘴唇紧闭，只是不停地左右扭转着自己的身体，好像在做广播操中的体转运动。

下课后，一群孩子蹲在地上，他们在玩什么呢？我走过去一看，原来他们在玩螺丝钉。他们用大拇指和食指捏紧螺丝钉，快速在手指间旋转后让螺丝钉垂直降落到地面，看谁的螺丝钉旋转的时间长。我发现，那个穿黄衣服的男孩也在其中。我走过去蹲下，和他们一起玩了起来。

黄衣服男孩满脸惊喜："你是老师，还和我们一起玩吗？我们老师是不许我们玩的！"我观察了他们的玩具，有几颗螺丝钉的根部很尖锐，我指了指说:"这几个太尖了,你们玩的时候要小心,不要戳伤自己,也不要伤了别人。"我又指了指黄衣服男孩手中的那颗螺丝钉:"最好玩这样的,你看,这颗螺丝钉的根部短短的,秃秃的,不会伤到人。"

游戏还在继续,我和黄衣服男孩边玩边聊天:"你家住在附近吗?每天是不是自己走过来上学呢?"

"我家不在这里,我星期一坐校车上学,星期五坐校车回家。"我看着眼前这个消瘦单薄的男孩,心里不由得涌出深深的怜意,这么小就离开父母生活,他一定很想念爸妈吧。

"你星期五回到家,看到爸妈一定很开心吧?"

"看到爸妈是很开心哪!"他不由跳起来,满脸灿烂的笑容,可那笑容又迅速黯淡下去,"可是,我回家看不到爸妈,他们在上海,家里只有爷爷奶奶。"

"你放暑假的时候可以到爸妈那里去呀!"我为不小心触及孩子的伤心处感到深深的内疚,赶紧安慰他。中国乡村有多少像他这样的留守儿童呀,我不由感到心酸……

"是的,是的,我放暑假就去上海了。"孩子毕竟是孩子,一想到即将到来的暑假,他又无比欢欣。

"你现在一定盼望着暑假快点到吧?"

他笑着点点头。

"你喜欢上课吗?"

"喜……欢……"他回答得有些迟疑,声音也低了不少。

"他不喜欢上课。"旁边的一个圆脸男孩大声说,"他上课不听讲,老师经常批评他。"

"下面一节课是我给你们上,等下课后,你悄悄告诉我,喜不喜欢听我的课,好吗?"我轻轻地在他耳边说。

"嗯。"他含笑看着我。

"一定哦!"我和他拉勾,他的小手指上满是蓝墨水,我正准备提醒他去洗洗手,洗洗脸上的"蓝胡子",上课铃突然响了。

童诗课开始了，孩子们虽然是第一次接触童诗，可是这一组关于动物的童诗迅速吸引了孩子们，自由朗读时，他们特别兴奋。

"哪位同学愿意读读这首《蜻蜓》呢？"

我发现上堂课中那个不读书只做"体转运动"的男孩也高高地举起了手。"就请你来读吧！"我走到他身边。

第一遍读，他的声音很小，诗句间没有任何停顿，语速极快，好像匆匆忙忙赶火车一般。

"读诗要注意停顿，这样才能读出诗的节奏和韵味来。听老师读一遍，好吗？"

范读结束，我对孩子们说："顾老师想再给他一次机会，我相信他能把这首诗读得更好。大家鼓鼓掌，给他一些鼓励，好吗？"

掌声过后，他又读了一遍，这一次声音稍微响亮了一些，可还是读得匆忙，没有停顿。

"顾老师想再给他一次机会。我相信，这一次他一定可以读好。可以吗？"我征询着其他孩子的意见。"可以！"孩子们响亮地回答。

"你看着顾老师的手势，需要停顿的时候，顾老师会用手势提醒你，好吗？"我对他说道。

第三次，他终于读得很棒了！一读完，孩子们就情不自禁地给他鼓起掌来。他笑了，小脸儿激动得红红的，开心地落座。看到这样的情形，我也庆幸，幸亏我刚才没有放弃。如果因为他读得不好，我就换另一个人来读，不给他重读的机会，可能他就无法找到朗读的自信。不仅在这节课上，甚至在以后的课堂上，他可能再也不会主动朗读了。

读诗、赏诗、写诗、改诗……童诗真的是太有魅力了，它像一块磁石，深深地吸引着孩子们，没有一个孩子神游于课堂，那举起的小手如茂密的小树林，有些小手，几乎举到我脸上……

这节课显得特别短暂。下课铃响了，还有好多诗作我来不及当堂评改。孩子们纷纷围到讲台前，把自己的诗作交给我，黄衣服男孩也来了。

"我喜欢你上课。"他附在我耳边说着悄悄话。

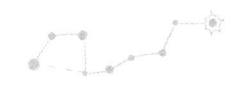

"是真的吗？"我笑着问他。

"是真的。"他无比肯定地说。

我刚收拾完教具，就接到通知让我到音乐室交流评课，我只得匆匆和孩子们作别。走到教室外，一大群孩子还是围在我身边，叫着"老师再见"。一个男孩跑过来，指着黄衣服男孩说："他说喜欢你的课，也喜欢你！"我笑着说："我也喜欢给你们上课，喜欢你们！"

这时，黄衣服男孩走到我身边，轻轻问了一句："你还会来吗？"

"我还会来吗？"我不禁问自己，这是学校安排的送教活动，我不知道下次学校还会不会安排我来这里，即使来了这里，我也不知道，会不会安排我在这个班上课。或许我和这一群孩子只有这唯一的一次相遇……

我的内心一直有着一个心愿，到乡村学校任教，带着一群孩子读诗、写诗，带着孩子们读绘本、童话、小说，带着孩子们创作属于我们自己的故事。可是，我真的有机会在一所宁静的乡村小学，和一群孩子在一起，慢慢陪着他们长大吗？我的梦想可以实现吗？

"你还会来吗？"我不敢再看黄衣服男孩充满期待的眼神，哪怕是一个不爱听讲总是被老师批评的男孩，他的心中又何尝没有被关注、被肯定的渴求呢？可是，我，一个偶然撞进他生命中的匆匆过客，我还能给予他什么呢？身后孩子们和我道别的声音依旧响在耳畔，我却不敢再回首。我抬头看看头顶的蓝天，只为让眼中的泪水不要流下来……

评课结束，已经十二点多，我回到那间教室，想再看看那群可爱的孩子。可是，教室里空无一人，孩子们放学了。

回城的途中，我的耳边不停地响起黄衣服男孩的声音："你还会来吗？"我很后悔，没有在评课前带着他去水池边，帮他洗去脸上、手上的墨水痕……

让我抱抱你

每年的 9 月 10 日这一天，我都像一个幸福的农人，收获着沉甸甸的感动。鲜花映红了我的脸，孩子们用稚拙的笔迹写下的真诚祝福，一次次让我热泪盈眶。这么多年来，最令我难忘的教师节礼物是一个女孩给我的拥抱。

女孩名叫凡凡，四年前，凡凡读六年级，我是她的新班主任。在填写学生家庭情况登记表的时候，我得知她的父母都在外地做生意，她寄居在叔叔家。那一刻，我脑海中不禁闪现她的身影，娇小的她坐在第一排，看起来要比其他孩子小好几岁，乌黑的瞳仁似乎总是蒙着一层淡淡的忧伤的水雾。她性格内向，总是一副怯怯的神情。一想到那么柔弱的她，从小就没有父母在身边悉心照料，我的心头不由涌起深深的爱怜。

上课时，她总是静静地坐着，认真听讲。可是，每次我提问时，她却从不举手发言。我知道她并不是不知道答案，而是缺乏自信。所以，每次我提问完毕，总是习惯性地向她投去期许的目光。有时候，当孩子们捧着书自由朗读、轻声讨论的时候，在行间巡视的我，甚至会附在她的耳边，悄声说："老师等着你回答刚才的问题哦！"

一次又一次，终于，我等到了她勇敢地举起手的那一天。因为害羞，她的脸涨得通红，声音细得几乎只有她自己才能听到，但我还是送给她真诚的赞赏："你能举手发言，这就是最大的进步，我为你的勇气鼓掌！"说着，我就带头鼓起掌来，教室里随即响起了一片掌声。我知道，她能战胜自己，迈出这勇敢的一步实在不易！渐渐地，她举手的次数多了起来，回答问题时声音也更响亮了。特别是她的眼睛，变得更加清亮，闪烁着快乐而自信的光芒。

记得那年冬天特别冷，别的孩子都穿着厚厚的羽绒服，只有凡凡穿着的还是那件不算厚实的红棉袄。做完课间操回到教室，凡凡的小手小脸儿冻得通红，我情不自禁地捧起她的小手，捂在我的手心里。那一刻，我心中盛满的是对她的怜爱。"凡凡，天这么冷，该穿羽绒服了，放学回家后就换上羽绒服，好吗？"她依旧用那双无比澄澈的眼睛默默看着我，然后轻轻地点点头，那一刻，我分明看到了她眼含泪花。那泪花不禁让我鼻头一酸，我对自己说：我要给这个离开父母独自求学的孩子更多的爱，更多的呵护。

一年时间很快就过去了，凡凡读初一了。教师节时，凡凡捧着一束鲜花在学校门口等我，已是初中生的凡凡看上去还是那么娇小。那一次，她和我聊了许多，从她的话语中，我可以感受到她在新环境里过得挺开心的。一个下雪的夜晚，我收到一条短信："老师，我是凡凡，外面下雪了，我很想你。我想起去年下雪时，你给我抹冻疮膏的情形，你是对我最好的老师！"读着这朴实无华的文字，我不禁泪眼蒙眬。其实，我不过是做了作为老师该做的一切，我只是给了她微不足道的温暖，却收获了她如此真挚的爱意，我怎能不感动？

凡凡读初二时的教师节，我依然收到了她的鲜花和祝福。

凡凡读初三了。教师节那天，恰逢凡凡的学校放假。我接到她的电话："老师，我是凡凡，我来看你了。"我匆匆往学校骑去，远远地就看到凡凡手捧鲜花站在校门口，向我来的方向张望着。我把凡凡带到办公室，和她聊起了学习，聊起了生活。她告诉我爸爸妈妈在她新学校的附近买了套房子，已经装修好了，奶奶在新房子里做饭，照顾她的生活。我鼓励凡凡好好学习，争取中考时取得好成绩。

临别时，我送凡凡到教学楼下，正准备和她挥手再见，凡凡突然轻轻地说："老师，让我抱抱你吧！"顿时，一股暖流涌动在我心头，我紧紧地抱着凡凡，泪悄悄地漫出了眼眶。我知道对于凡凡这样一个羞怯的小女孩来说，她能这样说、这样做，要鼓起多大的勇气呀！或许，想要抱抱老师的念头已经在她的心头百转千回了吧？

目送凡凡离开后，我收到了凡凡的短信："老师，和你拥抱的感觉真的很温暖，我多么希望时间在那一刻停留呀！"读着，读着，我的泪再次流下来。

如果再次见到凡凡，我一定会对她说："让我抱抱你，孩子！"我要让那一刻在我们的记忆中永远停留！

最遥远的距离

学期初，我接了一个新班，为了更好地了解学生，我翻阅了前任班主任留下的学生基本情况统计表，其中有两份表格引起了我的注意。

一份表格是一个女生的，开学第一天的家庭作业她就没做，课堂上也总是无法集中注意力，所以我对她有了比较深刻的印象。在她的表格上，家庭人口这一栏写的是"2"。母亲的姓名、工作单位、联系号码这些栏目都是空白。表格上的字迹很潦草，看得出这不是孩子的字迹。

另一份表格是一个男生的，那是一个特别瘦弱的男孩，他的衣服总是不太合身，特别是裤子，裤脚高出踝骨好大一截儿，露出了骨瘦如柴的小腿。他的家庭人口那一栏和其他同学一样，写着"3"，母亲姓名后工工整整地写着一个普普通通的女性的名字，工作单位写着"无"，最让我吃惊的是母亲的联系号码后面写着"已去世"。看着这份表格，我眼前浮现出那瘦弱的身影，心很痛很痛，难受极了！

为了不触及孩子的伤心往事，我拿着这两份表格找到前任班主任了解情况。她告诉我，那个女孩的父母离异了，那个男孩的母亲已经去世好多年了，一直是他的父亲一个人照顾着男孩。

身为人母，我深深地知道，母爱对于孩子的重要。为了弥补他们缺失的母爱，在以后的日子里，我感觉自己对他们多了一份责任，当然也更多了一份关爱。他们的成绩都不够理想，因此，放学后，我会把他们留下补课，辅导他们做作业。有时，时间比较晚了，这两个孩子的父亲会在教室门口等孩子，我也就认识了他们。女孩的父亲总是戴着一副深色的墨镜，紧紧抿着的嘴角从来没有浮现过一丝笑意。我虽然看不清他的眼神，但他脸上的表情永远是僵硬而严肃的，如石雕般坚硬的面部线条，找不到一丝柔和的感觉。他从没和我打过一声招呼，对于每天为他的孩子补习的老师，他总是视而不见。男孩的父亲恰恰相反，他来接孩子的时候，脸上总是挂满了笑容，他总是搓着手，局促不安地说："谢谢老师，谢谢老师！又耽误老师下班了，不好意思，不好意思。"那时候，我总会笑笑说："没关系的，我们应该做的。"听了我这样的回答，他的不安似乎并没有减轻。

一年的时间转眼间就过去了。学生快毕业时，为了学生划区入学，我们又填了好几次表格。那个男孩的表格一如既往地写着他母亲的姓名等信息，女孩的表格却有了一次改变。第一份表格是草表，是女孩自己填的，她在母亲姓名后面填了一个名字，联系电话后面写着"离异"。中午草表带回去让家长复查签字后，我将表格收上来时，发现女孩表格上母亲的姓名和联系号码都被涂上了厚厚的修改液，那几个栏目又如开学初的那份表格一般，空空如也……

看着这些空白的栏目，我陷入了深深的沉思。男孩的母亲，即使她在遥远的天堂，她也一直拥有自己的姓名，一直在孩子的履历表上出现，她依旧是家庭的一员，似乎从未离开，似乎一直在丈夫和孩子的身边。而女孩的母亲，虽然她和自己的孩子生活在同一片蓝天下，迎接着同一轮朝阳，呼吸着同样的空气，但是她在孩子的履历表上，却无一席之地……

"人世间最遥远的距离是什么？"一千个人或许会有一千种答案。而面对这张履历表，我知道了最遥远的距离不是生离死别，不是天人相隔，比生死相隔更遥远的还有永远的仇恨！我深深地担忧着：那仇恨的种子会结出怎样的果实。

当父母无法继续在一起生活的时候，当父母无法再给孩子一个完整的家的时候，大人最该做的就是尽力把对孩子的伤害降到最低。

为了孩子，请让孩子自己选择他觉得最安全最舒适的"住处"。童年时缺乏安全感给孩子带来的心理伤害，可能会影响孩子的一生，可能会影响他们今后的家庭生活，甚至会影响他们的下一代。

为了孩子，请分开后的父母不要再彼此仇视，不要在孩子面前诋毁对方，不要在孩子心中播下恨的种子，因为恨的种子无法结出爱的果实。

为了孩子，请家长尽可能让自己情绪稳定，不要把婚姻破裂带来的负面情绪发泄到孩子身上，不要让孩子觉得是因为自己不好才导致父母分开，不要让孩子脆弱的心灵背上沉重的包袱。

为了孩子，请父母给予孩子更多有质量的陪伴，尽量让孩子感受到虽然父母分开，但他们对自己的爱都没有缺席。这份爱也不能变味成无原则无底线的"溺爱"。

当爱已成往事，当婚姻无法继续时，但愿父母能给孩子多一点儿爱，少一点儿伤害……

第四辑

哪怕只是点亮一盏灯

哪怕只是点亮一盏灯

我很喜欢罗伯特·斯蒂文森的《点灯的人》。

茶点快准备好了,太阳已经西落;
这时候可以在窗口见到李利走过身旁;
每晚,吃茶点的时候,你还没就座,
李利拿着提灯和梯子走来了把街灯点亮,
…………

记得我把这首诗读给六(4)班的孩子们听时,他们看着我,眼睛亮亮的。一年后,当我们快要分别时,他们还记得我当年给他们读这首诗时的情形。

您是我见过的最特别的老师,我一辈子都不会忘记您上课时的微笑,一辈子都不会忘记您第一次给我们读诗的场景,一辈子都不会忘记您第一次教我们写诗。那一首《点灯的人》可能会成为我一辈子忘不掉的诗……

——雨菲

"要做一个为他人点灯的人。"顾老师,记得第一次听您读诗时,您在黑板上写了这一串大字,您的嘴角微微翘起,目光里充满了期待……

——雨萌

我永远不会忘记您为我们读的第一首诗——《点灯的人》，读完这首诗后，您还对我们说："希望你们是为别人点灯的人。"顾老师，您可知道，您就是为我们点亮心灯的人哪！

——夏欣

…………

重温着孩子们的这些文字，我仿佛看到李利拿着提灯和梯子走过来，街灯一盏盏亮起来……

上午，我上完第一节语文课，就赶车来到郎溪参加培训。这次培训是郎溪县教育局组织的，参训的学员都是入职三年以内的新老师。下午半天，是我的讲座。

这次培训的时间有好几天。到会场时，我已经感觉到听课老师们的疲累。况且，培训结束，有的老师还要赶回偏远的乡镇。我只希望自己的讲座不会让老师们觉得是煎熬，如果我分享的成长故事能够对老师们有所触动，那当然是更好的了。

讲座中，我发现听课老师们的表现各有不同：有的边听讲座边把我讲座的PPT用手机拍下来；有的一直专心地听着，不时还会心一笑；有的则茫然地看着我，大概是等着培训早点结束……

讲座结束前，我留了15分钟给老师们提问。在以前的培训中，这样的互动交流环节是最受老师们欢迎的，老师们几乎是抢着拿话筒，提出自己心中的困惑。有时候讲座结束了，我还被老师们围着，他们好像有提不完的问题。可是，今天的提问环节，起初却是全场沉默……

片刻，会场的一角，一位老师举起手来，她告诉我自己任职于一所乡村小学，教一年级语文，家长的素质和学生的素质都无法和城里的相比。她问我，如何引导这些乡村孩子阅读，如何培养他们良好的阅读习惯。

我建议她，当孩子们对读书不感兴趣的时候，老师不妨先读给孩子们听。因为这位老师教的是一年级，我说可以把自己收藏的一些绘本的PPT发给她，让她读给孩子们听。

接着又一位老师提问，她新接了一个六年级的班。开学时，她曾经让孩子们写一篇日记，让孩子们谈谈自己对新老师的看法。有些孩子提出，新老师布置的作业比原来的老师多，希望老师能少布置一些作业。这位老师不知道是该顺应孩子们的意思，调整自己的教学行为，还是该坚持自己一贯的做法，以免孩子们得寸进尺，提出更多的要求。

"亲其师，信其道。"我告诉这位新老师，"要多和孩子们沟通交流，听听孩子们内心的真实想法，如果孩子们真的言之有理，就不能为了所谓的'师道尊严'不愿改变。"

最后提问的是一位英语老师，她告诉我，她每周有十八节课，虽然很想在教学上有所突破，但是苦于既没有精力，也没有额外的时间而作罢。

我以我身边的英语老师在课堂上拿出五分钟让孩子们坚持英语小演讲为例，告诉她，只要真心想做教研，总是可以走出一条属于自己的路……

讲座结束了，我不禁想到讲座刚开始时做过的一个小调查，我问老师们："因为真心喜欢孩子、喜欢教学才选择教师这个职业的请举手。"会场里大概只有一半的老师举起手来。

看着那些没有举手的老师，我真心替他们难受。漫长的几十年，如果一直做着自己不喜欢的工作，那该是一件多么痛苦的事！我更替他们的学生感到忧心……

回到宾馆，我打开我的微信公众号"竹影居"，发现多了几十个新用户，都是今天下午听讲座的新老师。

我看到了第一位提问老师的留言，她告诉我自己还有许多问题想问，可是怕其他老师对自己的问题不感兴趣，便不好意思占用大家太多的时间。我给这位老师留了自己的手机号，她添加了我的微信，给了我她的邮箱，我把绘本的PPT发给了她。

"我是农民的孩子，因为遇到了好老师，才有了今天的我，我深知一位老师对孩子的影响可能是一生。深厚的文学素养让您很温柔，爱生如子的职业素养让您对学生的影响如此深刻！我希望在很多年以后也能成为您这样的老师……"

读着这位老师的留言，我有一种莫名的感动！她遇见了好老师，才有了今天的她。她努力成为一名好老师，遇见她的学生也是幸运的！或许多年以后，她的学生回想起她来，也会如是说："因为我遇见了一位好老师，才有了今天的我！"

好老师就是可以点亮学生心灯的人！哪怕，只是点亮一盏灯……

勇气就是勇气

"勇气有很多种。有的令人敬畏。有的平平常常。总之,不管哪一种——勇气就是勇气。"我打开绘本《勇气》,一页一页地读给孩子们听:"勇气,是你第一次骑车不用安全轮。勇气,是去参加智力竞赛,而且你的题目是'曌'字怎么读。勇气,是你有两块糖,却能留下一块到第二天……"

最后一页图画里的男孩正抱着一条小狗,男孩和小狗都紧紧闭着眼睛,他们相依相偎,躺在床上。"勇气,是我们互相给予的东西。"当我缓缓地读出最后一行文字的时候,我的眼前浮现的是一个个孩子的身影……

每年紫藤花开的时候,学校读书月的活动就会缓缓拉开序幕。金波、张秋生、周晴、谢倩霓……这些深受孩子们喜爱的儿童文学作家曾先后参加过我们学校的读书月活动。这次,学校邀请的作家是郑春华,她的代表作《大头儿子和小头爸爸》深受孩子们的喜爱。

读书月期间,学校会举行各种各样的活动,近日即将举行的是低年级的讲故事比赛。假期里我就让孩子们阅读郑春华的作品,我告诉他们,如果愿意参加讲故事比赛,就好好准备,先参加班里举行的讲故事选拔赛。

早读课,准备参加讲故事比赛的孩子们都站到了讲台前,不参加比赛的孩子们则是小评委。

小杰是第一个讲故事的,虽然没能做到绘声绘色,但是当他流利地讲完故事时,我还是情不自禁地带头给他鼓掌。还记得一年级报名时,他低着头站在我面前,直到我问他问题,他才抬起头来看我一眼,旋即又低下头去。他的奶奶告诉我，他直到五岁才学会说话。一年级时的他内向极了，上课几乎从来不举手。下课时，我主动找他聊天，他回答时不是结结巴巴，就是答非所问，可是最起码他已经能和我对话了。渐渐地，他有时候竟然主动和我聊起天来，上课时，他也偶尔会举手。我真的没有想到他今天能勇敢地登台讲故事，况且，他还讲得这么流利，想必下了不少苦功。连一篇短短的课文背起来都很费劲的他，又是如何把这个故事一字不落地讲完的呢？哪怕是回答一个极简单的问题都结结巴巴的他，又是哪来的勇气第一个走上讲台，流利地讲述故事的呢？虽然那一刻，他涨红的小脸儿，略微有些颤抖的声音都流露着他隐藏在内心深处的紧张、不安……虽然这些情绪无以遁形，但是他终究勇敢地站在了讲台前。

接着讲故事的是卢楚玙、王胤、王涛、陈浩然、吴润周、邹雨轩……每个参赛的孩子都讲得很精彩，看来他们都是认真做了准备的。可是参加学校比赛的名额只有一个，我让孩子们投票，选出故事讲得最好的。投票开始了，有13个孩子投票给陈浩然。给小杰投票时，竟然没有一个孩子举手。小杰眼巴巴地看着黑板上得票栏的情形，让我心里特别难受。

我几乎不敢再看小杰的眼睛了，那眼神中的渴望也刺痛着我。我该怎么办呢？突然，灵光一现，我为何不投给他一票呢？

"顾老师觉得今天小杰的表现挺不错的，讲得那么流利，一点儿也没有打结，所以，我要把我的一票投给他。"

当我正准备郑重地在小杰的名字下面写上"1"时，孩子们突然喊起来："老师，是两票，万施昊也给他投票了。"

我转头看去，果然，万施昊高高举起手来，想必他也是刚刚决定把这一票投给小杰的吧。当我在小杰的名字下面写上"2"的时候，我看到小杰笑了，笑容灿如夏花。

每个孩子都是一粒种子，只不过有的发芽早，有的发芽晚；有的长得快，有的长得慢。但只要种子怀着发芽、长叶、开花的信念，只要种子有勇气钻出泥土，不管迎接它的是和风丽日还是风霜雨雪，总有一天种子会长成大树。小杰的勇气足以让我敬佩，而让我敬佩的除了小杰，还有他们……

前几日，我给郑州金水区金桥小学三（2）班的孩子们上了一节童诗课，这是为河南省国培班的学员上的示范课。当我走进阶梯教室的时候，我看到孩子们都趴在桌子上休息，他们连休息的姿势都是一模一样的，两臂交叉搁在桌子上，小脑袋枕在手臂上，眼睛紧紧闭着。我后来才知道，这就是静息。台下的座位上已经坐满了听课的老师，黑压压的一片，大约有几百人。上课时间快到了，我在调试课件的时候，一个孩子突然举起手来。我走到他身边，他告诉我："我不想静息，每次静息我都想睡觉。"说着，他揉揉眼睛，眼睫毛湿漉漉的。他的语速很快，起初，我并没有听懂他的话，我请他再说一遍。

这时，旁边一个男孩替他当起了翻译："老师，他的意思就是不想趴在桌子上休息。"这下我才明白他的意思。

"你可以不静息呀，随便做什么都可以。"听到我这么说，他立刻挺直了身体。从全班孩子趴在桌子上休息时的"标准姿势"来看，孩子们一定经常重复这样的静息。我不知道除了这个举手的男孩，还有多少孩子是不喜欢静息的。我也不知道这个向我提出不静息的男孩，是否曾经向他的老师提过他的诉求，他的老师是否同意了他的诉求，这些问题的答案我都不得而知。可这一刻，我的心里却是喜悦的，一个孩子可以在几百名听课老师的注视下，向一位陌生的老师提出自己的诉求，这就是一种值得赞赏的勇气。教育的目的不就是让每一个独立、独特的生命不断走向精神自由、心灵丰满的境界吗？我曾试问自己，如果我就是这位男孩，我也很讨厌静息，我能如他这般勇敢地表达自己的诉求吗？

说起勇气，我的眼前不禁浮现出另一个男孩的身影。九月，我们去上海访学，在上海建平中学的一节语文课上，我见到了他。这是一节舒婷的《双桅船》的诗歌赏析课，对于高一的孩子们来说，要领会诗歌中双桅船、岸、雾、灯这些意象的象征意义似乎有些难度，课堂上出现了

"沉默的大多数"。而一个面容黝黑的男孩却一次次举手发言。我一直埋首奋笔疾书，记录着听课笔记。他又一次发言时，我恰好抬头，我看到他发言时为了强化自己的表达效果，不自觉地打起了手势。让我瞠目的是他的双手，这是怎样的一双手呢？他的手好似被生生砍去了一大半，每只手的掌心部分仅及常人的三分之一大小，每只手仅有无名指和小拇指两根手指头。我未见他的手上有疤痕，想必是先天性的。我可以想见从出生到现在，他在生活和学习上比其他孩子多了多少磨砺的痛，他如何用仅剩的手指握笔写字，他如何用仅剩的手指照顾自己的生活。我也可以想见从出生到现在，他遭受过多少异样的目光，他承载过多少来自外面世界，来自内心的压力！可是，现在我看到的是他清澄如明湖的眼眸，我看到的是他灿烂如阳光的微笑。在他的眼神里，他的表情中，我看不到一丝阴霾。他如小白杨一般，腰挺得笔直笔直，他浑厚响亮的声音里是满满的自信！

如果我是他，我一定不会如他这般勇敢，我无法如此自信地在众人面前挥舞着我的双手，或许我会把它们深深地藏在口袋里……我静静地聆听着他，默默地注视着他，他在我的眼里愈发地高了，更高了！

"我在世间，永没有逢到像你们样出肺肝相示的人。世间的人群结合，永没有像你们样的彻底地真实而纯洁。""我的孩子们！憧憬于你们的生活的我，痴心要为你们永远挽留这黄金时代在这册子（《子恺画集》）里。"丰子恺写在《给我的孩子们》一文中的这些文字，一字一句撞击着我的心灵，我的眼眶不由得一次次发热！

亲爱的孩子们，难得有这清静的夜，而今夜的这些文字，文字中的你们的勇气，也是我痴心要为你们挽留的。

"勇气有很多种。有的令人敬畏。有的平平常常。总之，不管哪一种——勇气就是勇气。"亲爱的孩子们，但愿我们可以互相给予对方勇气，哪怕只是平平常常的勇气，可勇气就是勇气！

春天，遇见良师

我结识贾志敏老师，缘于 2015 年 4 月底温州市鹿城区举办的"青藤讲坛·名师经典"活动。

我清清楚楚地记得，那天是 4 月 29 日清晨，在宾馆的大厅，我见到了贾老师。以前见到的贾老师是在教学视频《贾老师教作文》中，是在成百上千人的礼堂里，而那天，我竟然可以和贾老师面对面地交流，心情自然是十分激动！当贾老师得知我来自江苏时，笑着对我说："你和郝老师（贾老师的爱人）是老乡呢，她的老家也是江苏。"只是这短短一句话，就让我倍感亲切，初见贾老师时那些许的忐忑消失殆尽。

我们一边走，一边聊着一些关于语文教学的话题。我告诉贾老师我们学校的孩子读书很好听，字也写得好看。我还说其实小学语文没那么复杂，简简单单教语文，让孩子们把字写好，把书读好，把话说好；带着孩子们多读些书，多练笔，把文章写好……一聊起语文教学和孩子们，我便刹不住话头。而贾老师呢？他一直微笑着看着我，一边听，一边点头。

待我说完，贾老师这样对我说："你刚才有两句话，我听到心里了：一是你自豪地说你们学校的学生书读得好，字写得好；二是简简单单教语文，做好语文老师该做的那几件事。"听着贾老师的这番话，我想若能拜贾老师为师，若能有机会和贾老师多交流，该有多好哇！

上午听课时，我坐在贾老师身边，他的神情无比专注。学生读书或回答问题时，他时而微笑，时而蹙眉……，课后，贾老师对我说："这几节课，学生的朗读都有问题，读得好的学生不多呀！"贾老师的语气颇为沉重。

随即，贾老师给我布置了一份特殊的"作业"："下午我上完课，在讲座前安排一段时间，你来讲讲我们今天发现的学生朗读中出现的问题，并且谈谈你们学校指导学生朗读的做法，好吗？"

"好呀！"我欣然接受了这份"作业"，可又有些顾虑，在本不属于我的时间段里，我来"挑刺"合适吗？

贾老师似乎看出了我的心思，他说："你不要有顾虑，大胆讲。我会在你发言之前说明，我和你在听课的过程中，共同发现了学生的朗读存在一些问题并且需要纠正，你看这样合适吗？"贾老师的话让我心里暖暖的。

"既然发现了这些问题，我们就应该指出来，不然于心不安哪！"贾老师不急不缓地说出这句话，字字铿锵，每个字都砸在我的心头。"于心不安"，我想这就是教育的情怀。

诚如贾老师在讲座中所言："我 58 年来只学做一件事，那就是教小学生学语文。"作为全国著名的特级教师，他这一辈子只在做这一件事，为儿童学习语文而教。如此的执着，如此的情怀，怎能不让人动容？

活动结束后，我们来到浙江省永嘉县石公田小学，这是一所地处深山的小学，全校只有 28 个孩子，全是留守儿童。贾老师边走边看，他走进教室，来到一个正趴在课桌上写作业的孩子身边，说："写字的时候，头要抬起来。"说完，他轻轻地扶正孩子的肩……

贾老师在校园里走了一圈，他和刚走出校门的年轻老师亲切地聊天，询问她在这里的工作、生活情况。离开学校之前，贾老师语重心长地对石公田小学的校长说："这是一所只有 28 个留守儿童的学校，我们首先要做到的是保证他们的安全，让他们身心健康成长，让他们的父母能安心工作。我看到一些寝室的被子都没有叠，这需要我们老师指导孩子们养成良好的生活习惯，好习惯是可以受益终生的。为了让孩子们和家长多交流，可以让孩子们通过写信的方式向父母汇报在学校的情况，这样既能抒发孩子们对父母的思念，也能提高他们的写作能力。"贾老师娓娓而谈："我们还要发挥山区小学的优势，让学生走进田野，走进山林，在大自然中学习，充分利用这些资源，让 28 个孩子享受到比城里更好的教育……"校长和同行的我们，无一不为贾老师对这 28 个山区留守儿童的关爱而感动。

"只要有什么需要我做的，你尽管说。虽然我年纪大了，不能经常来这里，可一年来几次还是可以的……"听着贾老师的一席话，我不禁湿润了眼眶！来这里需要奔波几百公里，转好几趟车……

我不禁想起薛法根老师在《大教师——我心中的贾志敏老师》一文中的一段文字："贾志敏老师是这样一个小学语文教师：思想上有大视野，道德上有大境界，教育上有大智慧，事业上有大作为！这样的教师，被称为真正的大教师！"

贾老师的"大"不仅体现在一针见血地指出学校语文教学的问题所在，贾老师的"大"不仅在于对山区孩子最深切的关爱，贾老师的"大"还在于对年轻教师的关爱、呵护、教导与帮助！

我曾不止一次地读到关于贾老师指导青年教师的故事。《梅林看课堂》的作者吴琳老师是贾老师的爱徒之一，贾老师曾给她布置了一项"作业"——每天写 2000 字，晚上 7:00 之前通过传真发过来。每晚贾老师都会戴着老花镜，伏案批改"作业"，一字一句地斟酌，直至夜深人静……这需要怎样的耐心和毅力呀，一年 365 天，天天如此！若没有一片赤诚之心，若不是为了青年教师的成长，这样的苦谁愿意受呢？

我与贾老师虽是第一次谋面，可却有一种说不出的亲切感，他是那么儒雅，那么慈祥。他还对我的课进行了指导："你的课上得不错，只是有一个地方需要注意，这节课你的课前交流虽然与上课的内容有关联，但这些话完全可以不说……"

贾老师的话让我深受启发，课堂的每一分钟都是宝贵的，这些不必要的谈话完全可以省去。当我提出想拜贾老师为师时，贾老师说："以后，你可以把语文课堂上，把教育生活中发生的一些值得关注的事件记录下来，在深入思考的基础上写成文章……"贾老师在我的笔记本上一笔一画地写下了他的邮箱地址和手机号码。

虽然只有短短几日的相处，但是贾老师的一言一行已深深地烙在我的脑海中。我特别难忘的是和贾老师、郝老师在车站分别时的情景……

"你过马路要小心，我们在这里看着你过马路。"贾老师叮嘱我。

我小心地避让潮水般的车流，终于到达马路对面时，贾老师和郝老师依然站在原地，他们一直目送着我……

回到家乡以后，我依旧时时怀念在温州与贾老师相处的那些时光，于是写下《春天，遇见良师》请求贾老师指导。贾老师一读完稿子便打电话给我，"文笔亦佳，清新明白"这是贾老师对我的文字的评价。

这段时间，我经常和贾老师通电话。我告诉他自从上次听他在讲座里说"现在有的老师离开课件就不会上课了，课件要慎用，能不用则不用"，我现在上课尽量不使用课件了，这样孩子们在课堂上就有了更多的时间练习朗读、说话。当然因为不使用课件，我就不得不更深入地钻研文本，更精心地设计每一节课，只有这样才能让朴素的课堂依旧充满魅力，而不是依靠课件的"声光电"吸引孩子们的注意力。"你要多关注课堂上学习能力较弱的那些孩子。"贾老师对我说，我把这句话当作自己工作的座右铭。

那一刻我不禁想起贾老师讲述的另一个故事。一个男孩磕磕绊绊地读完十个生字，而且还读错了三个，男孩惶惶不安地等着老师的指责，可老师说："真了不起，十个生字居然读对七个，为他鼓掌。"老师带头鼓起掌来，教室里掌声四起。这个男孩就是读小学时的贾老师。

或许就是在这掌声里，童年的贾老师找到了学习语文的自信。我真的不敢想象，如果当年老师给他的不是掌声而是当头棒喝，还会有今天在全国引领无数小学语文教师向着明亮那方的贾老师吗？关注课堂上的每一个孩子，特别是学习能力较弱的孩子，让他们找回学习的自信，这不正是我们应该做到的吗？

贾老师还告诉我，这段时间他听了好几节课，总体感觉"不满意"：有些老师采用所谓的杜郎口模式，老师什么也不讲；有些老师则在课堂上不知所云，连贾老师也听不懂。

贾老师说："连我都听不懂，孩子们能听懂吗？很多老师在课堂上，眼里是没有学生的。"贾老师的语气是那么沉重，听了这些话，我的心里也是沉重的。

"如今小学语文教学之所以出现许多问题，归根结底是因为教师的语文功底不够深厚！"贾老师不由感慨道！

那一刻，我不由想起温州楠溪江畔的那个夜晚。虽然那晚我们期待着的满天星光被厚厚的云层遮挡了，可却收获了意外的惊喜，我们听到了蟋蟀发出的声音。贾老师和郝老师，这两位年过七旬的长者，他们静静地聆听着、捕捉着草地中的蟋蟀发出的细微而短促的声音，如孩子般的好奇！

那一刻，我被深深地感动了！如果我们都能如贾老师一般对这个世界永葆好奇，对教育教学永葆热情，能一步一步用脚丈量大地，绘制属于自己的教育地图，那该多好哇！

怎样面对沉默的大多数

一位要上公开课的年轻老师借我们班试教。一节课下来，和这位老师互动交流的只有三五个孩子，其他五十几个孩子成了无所事事的观众。

课后，我和这位老师交流："这节课上，为何举手的只有几个孩子呢？遇到这种大多数学生沉默的状况，你是听之任之让他们继续沉默，还是想办法让所有的孩子都参与到学习之中呢？"

"我担心不能完成教学任务，所以就只提问那几个举手的学生。其他学生不举手我也着急，可是我也没有办法呀！"

"其实办法还是有的，上次我在石家庄听了贾志敏老师的一节作文课《古文今译》，刚开始上课时，举手的学生也是寥寥无几，可是在贾老师的鼓励引导之下，一节课下来，全班学生都发言了，贾老师为何有这么大的魔力呢？"

我的话激发了这位年轻老师的兴趣，我便打开听课笔记和她聊起来。上次听课时，我几乎把贾老师的每句话都记录下来了，打开听课笔记的那一刻，我仿佛又回到了贾老师的课堂。

课前，贾老师一笔一画地把一则小古文抄写在黑板上。

一人家贫，卖画以度日。一日作画，一年无人问津。问师，师曰："试倒之，一年作画，恐一日可售。"试之，然。

在理解第一句中的"贫"时，几乎所有的孩子都举手了，唯独角落里的一个孩子没举手，贾老师向他投去鼓励的目光："你不知道这个字的意思吗？我关注的就是不知道的人。"这句话让听课的我很感动，我想这个被关注的孩子一定也很感动。或许在别的老师的课堂上，他也是一直不举手发言的，可是却没有得到这份关注。此刻的他，发现自己并不是被老师遗忘的孩子，心里一定是暖暖的吧。

贾老师又引导孩子们理解"无人问津""曰"等词的意思，那个孩子依然没有举手。贾老师笑着说："你一直不举手，我可是一直在等待着你哦！"当理解"试倒之"时，那个孩子终于举手了，贾老师激动地说："你终于举手了，我要给你鼓掌！"同学们也都为这个孩子鼓起掌来。那个孩子激动得脸红红的，热烈的掌声对于如他一般在课堂上总是沉默的孩子来说，真的太重要了！

贾老师不只是关注不举手的孩子，他还有妙方点燃孩子们的学习热情。在理解"然"这个字的时候，好几个孩子都没有答对，贾老师说："看我的口型，看懂了就是我的知音。"孩子们一下子兴奋起来，谁不想做老师的知音呢？这样可真是一举两得，不仅激发了孩子们的学习兴趣，而且在孩子们遇到难题实在无法解答的时候，贾老师用看口型的方式给了孩子们提示。

在接下来讲故事的环节，贾老师又多次亮出了激励的法宝："他已经讲得很好了，可是还有缺点，后来者居上，如果后面发言的人吸取先前同学的优点，一定可以讲得更好！""你讲得真好，音色也很美，像播音员讲故事呢！"

在学生朗读自己的习作时，贾老师鼓励的话语更是极妙："你写得真好，莫言读小学时肯定没你写得好！"贾老师表扬一个高个子的女孩时说："你长得真高，你的文章又写得这么好，真是高人！"……

贾老师的话总是能让每一个孩子都找到自信，那一句句热情洋溢的鼓励，让每个孩子都跃跃欲试，都想在课堂上充分地展示自己。在贾老师的课堂上，绝对不会出现沉默的大多数。在听课现场，好多听课的老师和家长把观课的感想发到短信互动的平台，其中一个家长的短信让我感触良深："在贾老师的课堂上，每个孩子都有发言的机会，都有展示自己的机会，这让我们家长非常感动。虽然我的孩子平时在课堂上总是不发言，可是今天在贾老师的课堂上，他勇敢地站起来发言了，我激动得热泪盈眶。作为家长，我们真的希望每一位老师都能像贾老师这样，关注课堂上的每一个孩子。"

　　关注课堂上的每一个孩子，对于有些老师来说，或许只是一种美好的愿景，却没有能力做到。那如何让课堂上不出现沉默的大多数呢？只有营造民主、宽松的课堂氛围，孩子们才敢说自己想说的话，才能淋漓尽致地畅所欲言、各抒己见。要想让孩子们在课堂上敢于提问，敢于发表自己的意见和看法，甚至敢于和同学、老师针锋相对，激昂陈词，就要给予孩子们需要的安全感。只有当他们觉得自己是安全的，觉得自己是被尊重的，他们的思维才会变得活跃。而安全感来自哪里？来自教师亲切的教态，幽默的语言，来自教师真诚的鼓励，热情的赞扬。

示弱的学问

"这一页练习的第三题是猜字谜，老师觉得挺难的，你们就别做了，完成其他几道题即可。"孩子们做作业时，我提醒道。

孩子们埋头答题，几分钟过后，花晟和陈欢兴冲冲地拿着作业纸过来："老师，我们刚才一起讨论，已经把所有的字谜猜出来了。加一半 减一半（喊），真一半 假一半（俱），粗一半 细一半（组），你一半 我一半（伐）……"

"我们也猜出来了！"又陆陆续续跑上来几个孩子向我展示他们的成果，其中"真一半 假一半"这个字谜，孩子们竟然找到了三个答案：俱、值、什。

"你们太棒了，你们猜字谜比老师厉害多了！"

"老师觉得挺难的"，这简单的一句话竟激发了孩子们征服难题的兴趣。当他们解开难题时，他们既体验了成功的喜悦，又增添了几分自信。

教师要学会示弱。可是在许多课堂上，尤其是上公开课时，我们只看到才华横溢、光芒万丈的教师，却看不到学生的光彩，而他们本该是学习的主人，课堂的主角。

有的老师擅长朗读，便一次次声情并茂地展示自己的朗读技巧，却全然不顾学生"徒有羡鱼情"的无奈；有的老师解读文本功力深厚，便恨不能一股脑儿地将自己阅读所得通通"移植"给学生，却全然不顾学生能否消化。

这让我不禁想到自己在驾校第一次练车时的情形：我一坐上驾驶员的位置，刚系上安全带，教练便开始讲课。他一下子将"S型大转弯、直角转弯、侧方位停车、倒车入库、坡道定点停车"五项考试内容的要领通通讲了一遍。听着教练滔滔不绝的话语，我的脑袋里像被灌满了糨糊。到最后，我只能看到教练的嘴一张一合，根本听不懂他在说些什么。如果教练一次只讲述一项训练要点，或许我还能消化接受，可这么大的信息量一下子向我涌来，我完全被"淹没"了。

那一刻，我不由得想起曾听过的一节公开课——《黄果树瀑布》。执教老师是这样表述本课的教学难点的："主教联想，辅教用词。读悟联想的五个层次：有变化，有连接，有感受，有呼应，有美感。"这教学难点的确很难！

以教材为例，教给学生一些表达的方式，这样的教学理念本没有错。可在这位老师的课堂上，老师或许为了显示自己解读文本之深刻，竟然硬生生地总结出本课联想有五个层次：有变化，有连接，有感受，有呼应，有美感。

姑且不谈这五个层次的概括是否准确，这位老师在课堂上一直生拉硬拽着孩子们从课文中找出相关句段来佐证联想有五个层次，学生学得吃力，听课的老师听得吃力。而且，这位老师板书到"联想有变化"时，就叮嘱学生："你们写作文时，也要做到联想有变化。"讲解到"联想有连接"时，他又强调："你们在写作时，联想的内容也要有连接。"……

就这样，教师板书了五次就叮嘱了五次，却没有一次真正让学生拿起笔来练习写一段联想的文字。

评课时，我忍不住和这位老师商榷："在这节课上，你讲了联想的五个层次，还要求学生写作时都能用上。即便是给我提出这样的写作要求，我也会处于一种焦虑紧张的状态，更不用说是五年级的学生了。因为，他们根本无法真正理解老师讲述的内容，更谈不上运用了。"

其实，教师的强势不仅仅表现在课堂上。在课后反思时，曾有老师这样总结："我这节课上得不好，是因为今天学生没有好好配合我……"

听到这样的话，我不由得为孩子们感到悲哀。难道课堂是老师表演的舞台，学生只能如傀儡般地被老师操纵并完美地配合老师的表演吗？如果教师只想着展示自己扎实的基本功，展示自己完美的教学设计，那么这节课就只能是教师的独角戏了。茫然而沉默地被老师牵着走的孩子们，终将一无所获！

如果反其道而行之呢？读课文时，老师只范读一小段或干脆不读："你们朗读的水平比老师高，你们来试一试。"

理解词语时，老师不妨这样说："这个词的意思我还不太明白，谁可以讲给我听一听？"

指导学生感悟文字时，还可以这样示弱："老师觉得这段文字写得很好，却说不清妙在何处，谁可以和我分享你的阅读感受呢？"

…………

诸如此类的示弱，会激发学生自主探索的学习激情。教师只有将学生推到课堂的中心，让学生有充分的时间进行听说读写的训练，学生才能真正学有所获，大放异彩。

父母学会示弱，孩子才能独立，才能有担当。教师学会示弱，学生才能克服惰性，勇于尝试。

示弱是一门学问，示弱是一种智慧。教师的"弱"成全了学生的"强"。学生的"强"不正是我们所期待的吗？

特殊的考卷

即将进行的期末考试好似一块沉重的石头压在我和孩子们的心头。于是，我每天检查孩子们背课文、背古诗，给孩子们听写生字词……孩子们一点儿也不比我轻松，他们还有好多数学题要做，还有好多英语单词要背……我和孩子们每天都忙得几乎抬不起头来。

晚上回到家，我在电脑上忙着写评语，儿子涵在书房里埋头写作业。无意间的一瞥，涵面前的台历上赫然出现了六个字——考试日宣判日，它们硬生生地刺痛了我的眼睛！那几个字写得很大，墨色浓重，看得出涵在写这几个字的时候，落笔一定很重。看看奋笔疾书的涵，再看看这几个字，我心里酸酸的。

其实，涵学习一直很轻松，每次考试成绩都不错。如果对于他这样的优等生来说，考试都意味着宣判，那么对于那些学习上有困难的孩子们来说，考试又意味着什么呢？想及此，我心里便堵得难受……

考试是横亘在我和孩子们面前的一座险峻的山峰，我们无法回避，我们只能攀登。每次拿到成绩单时，也总是几家欢喜几家忧。我偶然间翻阅到几年前的一本《读者》，上面的一篇文章让我颇受启发。

文中的姜老师是一位中学数学老师，在她任教的班上有成绩不好的学生，却从没有学生在数学考试中不及格，也没有一个学生害怕学数学。在姜老师的退休茶话会上，她告诉了学生们一个秘密：多年前，姜老师和男友到一家法国餐馆吃饭，她看了菜单，觉得每一样菜都很贵，可她的男友却一副无所谓的样子，不仅点了主菜，还点了饮料和甜点，甚至不顾她的阻止点了红酒。这顿饭令她感动万分，她觉得男友慷慨大方，便答应了他的求婚。好久以后，她才知道，在这家餐馆里，女士看到的是非常昂贵的菜单,而男士看到的却是价格公道的菜单。法国菜单的秘密启发了姜老师。

为了帮助学习困难的学生树立自信,每次数学测验,姜老师都会为学生准备三份考卷:甲种考卷非常难,乙种考卷中等难度,丙种考卷非常容易。她会根据学生的学习状况,分发不同的试卷。所以,即使基础特别差的学生,拿到了丙种试卷,也至少可以得60分。这60分对于总是不及格的学生来说,是何等重要。这60分会让多少学生找回自信。这60分让学生不再害怕数学,上课会听得更认真,成绩自然会渐渐提高。

反观我们的考试,所有的孩子面对的都是同一份试卷。成绩优异的孩子可以轻轻松松拿个满分,可是,对于学困生来说,60分都是遥不可及的梦想。虽然我们给了学困生更多的关心和帮助,但是我们无法给予他们自信。当他们一次次看到试卷上不及格的分数时,信心便会渐渐流失。兰心蕙质的姜老师用这"特殊的试卷"点燃了孩子们自信的火花,照亮了孩子们的心灵!

而我呢?尽管我尽心尽职地为学困生补课,希望他们可以赶上其他同学的脚步,但是我却从来没有创造机会,让他们找回自信,让他们品尝到成功的甜蜜。尽管我争分夺秒、加班加点地帮他们复习,可是他们的成绩却似乎毫无起色,我甚至觉得自己的努力全是徒劳。我有过灰心的时候,却从没有想过放弃。

可是,想想智慧的姜老师,我才知道自己这样做既累了自己,也苦了孩子。人和人之间本来就是有差异的,我为何一定要用一样的标准去衡量孩子们呢?

虽然我们倡导因材施教,但是所有的孩子在期末考试时,面对的却是同一张试卷。我们可曾想到,这样的考试对于孩子们来说何尝不是一场煎熬?而那成绩单又何尝不是一份残酷的宣判书?

我们无力改变现如今的考试制度,但是,如果我们身边多几位"姜老师",我们的孩子会是多么幸运!充满自信的孩子,笑容一定会特别灿烂,他们也一定会拥有美好的明天!

当众人离席……

我在邻校参加课题结题观摩会，会议预计下午四点半结束。

四点半时，主持人说接下来还有专家指导课题结题报告的撰写，如果有老师要赶回学校处理事务，可以提前离席。

似乎只是一瞬间，呼啦啦，几乎整个会场的人都走了——除了我，就只剩下专家和参加答辩的课题组的老师。

专家的讲座很精彩，我记下了好几页纸的笔记，还录了音，可以温故而知新。

专家讲座结束时，教科院的院长不满地说："今天参加会议的都是教科室主任，学校的课题研究都离不开教科室主任的跟进与指导，怎么就都离会了呢？"坐在他身边的教育局领导解释："或许这就是从众心理吧，看到有一个人离开，其他人就都离开了。"

我留下来，是因为我很想聆听专家的讲座，我不想错失这样的机会。当我一个人坐在空荡荡的会议室里的时候，我虽然低着头做着笔记，但是我可以感受到课题组的老师们投向我的欣赏的目光。

当众人离席时，我之所以留下，是因为我知道我需要什么。当众人离席时，我能坚持留下来，这需要的是一种勇气，这样的勇气源自内心的笃定。

坚持自己的选择，对于我来说，并不是第一次。

从初一开始，涵的同学就陆陆续续地到培训机构补课。到了升初二的暑假，补课的同学就更多了。我的孩子涵成了班里唯一不补课的学生。

涵曾不止一次向我央求："妈妈，你还是送我去补课吧！"可是，我一直坚持着不让孩子补课。一是孩子的学业负担较重，每天晚上完成老师布置的家庭作业已经很晚，我希望休息日孩子能好好休息；二是孩子的学习习惯良好，自学能力也很强，根本不需要补课。

  我坚持这么做，是想为孩子做一个榜样，希望他长大以后，遇到类似的事情，能做出自己的选择：是顺从大流，还是坚持自己的方向？我希望他的内心能有笃定的信念。

  顺从大流的例子比比皆是：别人家的孩子学钢琴了，我家的孩子也一定要学；别人家的孩子暑期出国游学了，我家的孩子也要送出去……

  正如法国哲学家帕斯卡尔所言："人只不过是一根苇草，是自然界最脆弱的东西，但他是一根能思想的苇草。"

  做一根有思想的芦苇吧！当众人离席时，听听自己内心的声音：是该离开，还是该留下？

第五辑

温暖的邂逅

温暖的邂逅

书海茫茫如人海茫茫，一个人与另一个人的邂逅，那是奇妙的缘分，一个人与一本书的邂逅又岂不是结一段奇缘？

我第一次读到金子美铃的作品，是在中国儿童诗网的《名家精品》栏目里。20首金子美铃的诗贴在那里，似乎就是为了静静守候与我邂逅的那一刻。我将那20首诗读了一遍又一遍，面对这样纯净美好的童诗，我除了惊艳之外还有着深深的感动。特别是那一首《积雪》，读完就深刻地印在了我的脑海里。

> 上层的雪
> 很冷吧。
> 冰冷的月亮照着它。
>
> 下层的雪
> 很重吧。
> 上百的人压着它。
>
> 中层的雪
> 很孤单吧。
> 看不见天也看不见地。

就这样，我读着她唯美的诗句，想象着这是一个怎样温婉的异域女子，她一定有着善感的心灵吧，一定有着清秀的面容吧，一定有着幸福的人生吧，就像她的名字那样明亮。

　　我与金子美铃的重逢是在《读者》上。有一日，我翻看一本新买的《读者》时，金子美铃的这首《积雪》就这样生生地闯入我的眼帘。那一刻，我竟然有种泫然欲泣的感觉，那是如此动人、如此美丽的邂逅。

　　数月以后，当我打开一个大大的牛皮纸信封，看到金子美铃的诗集《向着明亮那方》时，我心中除了深深的感动之外，更多的是与金子美铃再次邂逅的惊喜。这是好友送给我的诗集。他知道我喜欢儿童诗，但他不知道的是，我是多么热烈地喜欢着金子美铃的诗。我甚至不知道该用怎样的语言来形容手捧着金子美铃诗集的幸福。

　　诗集淡淡的浅肤色的封面上有一朵白色的蒲公英，蒲公英的花开了，飘飘摇摇地飞向天空，是向着明亮那方飞吧！金子美铃，她长长的黑发挽成低低的发髻，淡淡的眉眼流露出不悲不喜的神情。没有精美的照片，只有一幅线条简洁的人物素描。可是，我却似乎可以感觉到她用眼神在与我对话。

　　翻开目录，诗集分为"夏""秋""冬""春""心""梦"六个章节。每一章都有一枚手绘邮票般的图案。"夏"的插图是一株牵牛花，正枝枝蔓蔓地向上生长，还有秋日的菊花，冬日的雪花。我爱极了这样素雅的装饰，似乎只有这样的简约才可以与金子美铃那纯美的童诗相配。

　　诗集的第一首是《太阳·雨》。

　　　　小草
　　　　灰扑扑的，
　　　　雨把它们
　　　　洗干净了。

　　　　小草
　　　　湿漉漉的，
　　　　太阳把它们

晒干了。

都是为了让我
可以这样躺着
舒舒服服地
仰望天空。

　　这样没有任何修饰的朴素至极的文字里藏着一个拥有着婴孩般童稚的金子美铃，雨是为我而落，太阳也因我而灿烂，我舒舒服服地躺在草地上仰望天空，这是多么的自由，多么的快乐呀！
　　《奇怪的事》这首诗里的小女孩就是童年的金子美铃吗？她那么天真，那么可爱，她有着无数的问题。在她的世界里，一切都是那么新奇，一切都带着童稚的欢欣！

我奇怪得不得了，
乌云里落下的雨，
却闪着银色的光。

我奇怪得不得了，
吃了绿色的桑树叶，
却长出白色的蚕宝宝。

我奇怪得不得了，
谁都没碰过的葫芦花，
一个人"啪"地就开了花？

我奇怪得不得了，
问谁谁都笑着说：

"那是当然的啦。"

读着这首诗，我仿佛看到了一双黑亮黑亮的眼睛。雨呀，桑叶呀，葫芦花呀，一切的稀松平常被这黑亮的眼睛瞧上一眼，就变得那么神秘，像被抹上了梦幻般的色彩。可是，又有几人知晓，这黑亮的眼睛里曾经藏了多少忧伤，以致年仅27岁的她用决绝的方式结束了自己的生命。

我从不愿读作者年表，这次是绝无仅有的例外。因为，在我的感觉中，作者年表都是记录着作者所有的荣耀，那些炫目的光环，不管读者是否阅读，它们都兀自闪耀光芒。可是，金子美铃的这份年表，却真的不同：3岁，父亲离世；7岁，读小学；16岁，母亲改嫁；20岁，以金子美铃的笔名创作童谣；23岁，结婚；26岁，整理女儿的稚语，辑为《南京玉》；27岁，2月与丈夫分居，中止《南京玉》的编写，2月27日离婚，3月10日，自杀。

翻过这一页一页的作者年表，一直在我眼前浮现的就是那双黑亮的会说话的眼睛，她在告诉我，她的童话破碎了。当读到她收集女儿的稚语编辑《南京玉》时，我的心不由得一颤，因为我也曾经和她做过同样的事情，我也曾经把孩子的童言稚语记录下来，名为"涵涵语录"。在编辑《南京玉》的时候，金子美铃是以一颗怎样温柔的母亲的心记录着孩子的点滴，我完全可以体会。因为我也曾是那样充满柔情的年轻的母亲。然而，纯美的童诗却未能拯救金子美铃。不幸的婚姻，不羁又专横的丈夫伤透了她的心。离婚后前夫竟然还把女儿从金子美铃身边夺走，导致她对生活彻底绝望。一个命运坎坷的女子，一个婚姻不幸的女子，一个深爱孩子的女子，一个遗世独立拥有童诗般纯净的心灵的女子。对于她来说，孩子就是她漂泊在波涛汹涌的大海上的最后一根救命稻草。而如今，就连这根稻草也没有了，她只能被滔天的巨浪淹没！

我读完金子美铃的生平，再读这首《山和天》，更有流泪的冲动。

如果山是玻璃做的，

我就可以看到东京吧。
像坐着火车
去了东京的
哥哥那样。

如果天是玻璃做的，
我就可以看见上帝吧。
像变成了
天使的
妹妹那样。

　　如今，金子美铃一定已经见到了她诗中的上帝了吧！不知天堂里的她，是否还在天空中用白云写着温暖的童诗。

诗歌，是童年的光

浅红、湖蓝、皮粉，我手捧《未名诗歌分级读本·小学卷》的三册诗集，仿佛是捧着一束光……

这套诗集的主编是北京大学中文系的钱理群教授和洪子诚教授，分册编者有的是诗人、诗评家，有的是诗歌研究者、诗歌教育者。正因为有着这样一支卓越的编写团队，所以他们才能给读者呈献这样一套珍贵的诗歌读本。

张文质曾在《唇舌的授权》中说："诗教的意义无非就是要在生命迈出最重要的一步的领域保持最纯洁、最简朴、最富有活力的状态，孩子们终将能够通过自己生命竖琴的拨动去感知美、创造美、享有美，身心从一开始就浸入一层终生不易的神圣的色泽，其实这一切何尝不是一个'必要的乌托邦'。"

张文质是一位诗人，也是一位家庭教育专家。他的这段文字很好地阐释了诗歌对于童年的意义，对于人生的意义。诗歌，是童年的光；诗歌，可以让孩子的一生浸润神圣的底色。

读诗的意义不必详释，但中外诗歌作品浩如烟海，如何从这些作品中精选出适合孩子阅读的佳作，对老师和家长来说，都不是一件容易的事。作为一位童诗教学的先行者与探索者，我在深感诗教意义之重时，又不由得感慨，可供小学生阅读的诗歌读本并不多，而且在这并不多的读本中，堪称精品的更是少之又少。

《未名诗歌分级读本·小学卷》与其他诗歌读本相比，最突出之处在于诗集中的作品具有极高的艺术性，能做到这一点儿，自然与主编及各分册编者对诗歌作品的涉猎之广分不开。只有阅读了足够多的诗歌精品，再精挑细选、归类成辑，才有了我们眼前的这套诗集呀！

这套诗集的每一首诗歌后面都附有导读，与其说是导读，不如说是编者对这首诗的鉴赏。导读没有对诗歌进行理论化的解析，而是以感性的文字与读者分享阅读这首诗的感悟。读着如此温情的文字，你仿佛就站在编者面前，听他读诗，与他聊诗，你可以听到诗句拨动他心弦时发出的美妙乐声。你的心弦也会随之颤动，你也可以在心里谱出一首动听的歌……

打开小学卷的第一册，第一首诗便是威廉·布莱克的《天真之歌》序诗。

我吹着牧笛从荒谷下来，
我吹出欢乐的曲调，
我看见云端上一个小孩，
他笑着对我说道：

"吹一支羔羊的歌曲！"
我就快活地吹了起来。
"吹笛人，再吹吹那支曲。"
我再吹，他听着流下泪来。

"放下那笛子，欢乐的笛子，
把你那快乐的歌儿唱一唱。"
我把那支歌唱上一次，
他听着，快活得泪儿汪汪。

"吹笛人，坐下来写成一本诗，
好让大伙儿都能读到。"
他说完就从我眼前消逝，

我拿起一根空心的芦草，
　　用它做成土气的笔一支，
　　把它蘸在清清的水里，
　　写下那些快乐的歌子，
　　让个个小孩听得欢喜。

　　这首诗配着一幅插图，淡蓝的云朵上坐着一个小脸儿红扑扑的孩子，孩子的头发好似几丛小草，草间还点缀着几朵小花。这个孩子就是诗中那云端的小孩吧。

　　诗可以变成画，画也可以变成诗。对于低年级的孩子来说，也许他们并不能真正读懂这首诗，可是那又有什么关系呢？"诗无达诂"，不同的读者对同一首诗，可以有自己独特的理解。陪伴着孩子读诗的大人们，请你和你的孩子一起轻轻翻开诗集，用目光抚摸每一个文字，这些文字会化作音符在你的舌尖跳跃，它们会变成一幅幅画，一首首歌。

　　正如编者在这首诗的导读中所言："为什么听到快乐的歌曲会幸福得泪儿汪汪？我不知道，但我读到这里也会流下泪来。云端上的孩子在召唤诗人给孩子们留下美丽快乐的诗，让那种幸福的欢喜流进每一个孩子的心里。我不是那写诗的人，可我与他一样，仿佛见着了云端里的孩子，并照他的话，把我读到的那些让人快活得泪儿汪汪的诗歌编成了这本书。"

　　读着这首诗，我也看到了那云端的孩子。我看到了他的笑，我和他一起笑。我看到了他的泪，我和他一起流泪。我还看到了诗人，他正握着一支芦草笔，他蘸着清水，在天地间写下了让人快乐得想落泪的诗行……

　　那些让你笑、让你哭的诗在哪儿呢？请打开《未名诗歌分级读本·小学卷》吧，这束光会将你的童年照得分外明亮……

真正的活，只有一回

我认识的第一位日本童书作家是安房直子，我经常从学校图书馆捧回她的一整套童话，然后沉浸在她那散发着淡淡野菊香的文字里。一颗心被她那弥漫着淡淡忧伤的文字揉搓得软软的、酸酸的，甚至还有一种轻微的疼痛。

金子美玲应该是我认识的第二位日本童书作家，她的诗集《向着明亮那方》，在淡淡的浅肤色的封面上有一朵白色的蒲公英，蒲公英的花开了，飘飘摇摇地飞向天空。她的童诗如水晶般纯净，只是我决然无法想象，在那些充满童稚的诗句背后，竟是一颗饱尝凄苦的心。

第三位就是我面前的这本《活了100万次的猫》的作者——佐野洋子。书的封面是一只威风凛凛的虎斑猫，它碧绿的眼睛里充满着对尘世的不屑，的确，就是不屑。它讨厌所有宠爱它的人。它曾是国王的猫，可是他讨厌国王，它随国王出征，被一支飞箭射死了，国王抱着它哭了。

都说猫有九条命，可是，这只猫却死了100万次。它又先后成为水手的猫、魔术师的猫、小偷的猫、孤独老太太的猫、小女孩的猫……，可是，它讨厌它的每一个主人，它曾经被淹死过，被魔术师失手锯成两半，被狗咬死过，老死在孤独老太太的怀里，无意间被小女孩的背带勒死……它死了一次又一次，它的主人也一次又一次为它痛哭，为它流泪，可是它对自己的死已经毫不在乎了，它也从没有掉过一滴泪。

直到有一天，它终于成为自己，它不再是别人的猫，它成了一只漂亮的野猫，它无比地喜欢着自己！面对一只只向它献殷勤的母猫，它毫不动心，它总是说："我可死过100万次呢。"

虎斑猫的生活，从遇到那只白猫开始，一切都改变了！这只白猫毛色雪白，眼神温柔又宁静，它甚至对虎斑猫看都不看一眼。面对虎斑猫的炫耀和搭讪，白猫只是淡淡地说："噢。"为了引起白猫的注意，它甚至在白猫面前一连翻三个跟头。"我呀，还当过马戏团的猫呢。"虎斑猫得意地说。可是，白猫依旧是淡淡的一声"噢"。虎斑猫终于放弃了炫耀，终于放弃了所有的自负，对白猫说："我可以待在你身边吗？""好吧。"白猫说。

从此，虎斑猫就一直待在白猫身边，白猫生了好多可爱的小猫。那些小猫有的像爸爸，满身虎斑，神气无比；有的像妈妈，浑身洁白无瑕，温柔娴静……。小猫们扑蝶、捉老鼠、打闹嬉戏，虎斑猫和白猫幸福地依偎在一起，看着它们的孩子们，眼神中满是爱意，它们无比满足地享受着这份天伦之乐。虎斑猫再也不说："我呀，我死过了100万次了……"。只因它爱白猫和小猫们，胜过了爱自己。

小猫们长大了，一个个离开了它们。白猫慢慢地变老了，她的嗓子眼里发出温柔的"咕噜咕噜"声。虎斑猫对白猫也愈发温柔，它的嗓子眼里也发出了"咕噜咕噜"声。虎斑猫的心里藏着一个愿望，它想和白猫永远地一起活下去，一直到地老天荒。

有一天，白猫静静地躺在虎斑猫的怀里，一动也不动了。虎斑猫紧紧地把白猫抱在怀里，泪水汹涌，这是虎斑猫第一次哭，从早上哭到晚上。一天又一天，他都抱着白猫痛哭不已。直到一天中午，虎斑猫的哭声停止了，它静静地躺在了白猫的身边。

虎斑猫再也没有活过来。草地上，野花依旧摇曳，只有一座小小的房子静静伫立，再也没有了猫的身影……

我掩卷，泪流。

那只死了100万次的猫，那只有100万人为它落泪的猫，那只死而复生了100万次的猫，其实，真正的活，对它来说只有这一次。

当它没有找到自己的时候，当它只是主人的附属品的时候，再多的宠爱也无法令它快乐，它厌倦着生活中的一切。在它冷漠孤傲的眼神中，没有喜悦，没有温柔，有的只是不屑。

当它成了一只野猫的时候，当它成为自己的时候，它深深地迷恋自己，它不失时机地炫耀自己。如果没有遇见白猫，它或许就会如此生活下去，虽然不再厌倦世界，可因为心是空的，日子依旧过得浑浑噩噩。

直到那只超凡脱俗的白猫出现在它的生命中，它才丢弃了所有自负自恋的盔甲，它只愿陪伴在白猫身边。从此，它的心房里住满了爱，对白猫的爱，对小猫的爱。

幸福美好的时光总是如此短暂，小猫们长大成人，相继离开。而与它朝夕相伴的白猫，也静静地躺在它的怀里，停止了呼吸。那一刻，虎斑猫的天崩了，地裂了，它的世界坍塌了，它再也无法遏制内心的剧痛，它号啕大哭，它绝望尖叫，它的泪一直流一直流，它流尽了今生最后一滴泪，它静静地躺在白猫身边，它再也不愿活过来。

因为爱，它真正活了一回；因为痛失爱，它再也不愿活过来……

真正的活，只有一回；真正的爱，也只有这一回。

那些流过的泪

女子是水做的,所以,落泪对女子来说极为平常。高兴时落泪,伤感时落泪,疼痛时落泪,烦恼时落泪。那些悲悲喜喜的故事,有些我已经不记得了。能记得的,便不会再忘却。

记忆中,让我流泪最多的一本书是霍达的《穆斯林的葬礼》。

那日,我从朋友处借得此书,便将自己关在房中,一睹为快。书中讲述了一个穆斯林家族 60 年间的兴衰和三代人命运的沉浮。文中对玉器的精彩描绘让我沉迷,我似乎缓缓蹚过玉器流淌而成的河流。随着情节的发展,我的一颗心因人物的命运而沉沉浮浮。

新月重病不治,香消玉殒。为了让长眠的新月睡得更舒服些,深爱新月的大学教师楚雁潮和哥哥天星把墓穴中的坑坑洼洼都抹平,他们仔仔细细地抚摸着,把土块和石子都捡走,把碎土铺平,压实……。楚雁潮的泪水洒在黄土上,他不能自持,倒了下来,躺在新月将长眠的地方,没有力气再起来了,他不愿意离开这里了!

读到这里,我真的是泣不成声。合上书页,我久久不能平静,泪湿衣衫,夜不能寐。我 16 年前第一次读《穆斯林的葬礼》时痛哭失声的情形依稀如昨日。第二次捧读这本书,再次泪如雨下,却是我未能料及的。我不知道,再过十多年,若三读此书,我是否仍然会情不自禁地落泪。

暑假里,我读了杨绛的《我们仨》。似宣纸般柔软的封面是土黄色的,上方是灰白色的字:第一排写着 "Mom Pop",第二排正中是 "圆O"。若不留意,你甚至看不到这两排淡得似有若无,好似用粉笔字写在土墙上的字迹。"我们仨" 这三个作者手书的大字在封面的偏右下方。封底寥寥数行字。

> 一个寻寻觅觅的万里长梦
> 一个单纯温馨的学者家庭
> 相守相助，相聚相失
>
> 我一个人思念我们仨
>
> 　　　杨绛

这样的文字让我泫然欲泣。

杨绛在书中回忆了他们一家的温馨生活，她的文字愈温暖，我读来却愈悲切。一位92岁的老人，完成了女儿生前未能了却的心愿——写一本《我们仨》。一位老人，在送走自己女儿的第二年，老伴又乘鹤西去，她却在用文字累积逝去的回忆。

这些天，我读着吴非的《致青年教师》，又数度落泪。特别是《像太阳一样升起的白旗》那篇文章，病中的作者在文中回忆那些早逝的学生——身患白血病不治病故的董维青，追随她而去的徐海，被脊椎恶性肿瘤夺去生命的袁梓，高考前突发心脏病猝死的毕彦波——感叹着生命的短暂。

我走进教室，看见后面黑板上彦波的像，鼻子发酸——画得太像了。学生忘了，他们背对着他，而我则时时刻刻看到他，我很难过。学生说："老师，再过七天我们就把它擦掉。"我说："不，留在那里吧，这样我们班一个人也没少。"

读到此处，我不禁泪如泉涌。

那些曾经流过的泪，早已飘散在风中；那些书中的故事，却依然铭刻在生命的记忆中。

关于生命的寓言

美国作家娜塔莉·巴比特创作的《不老泉》只是薄薄的一小册,我好几年前读过。这几年,当我的目光与书架上的它相触时,我偶尔也会再翻一翻。今晚,我用一个小时将《不老泉》重读了一遍。我很喜欢这本小书,我把它定义为"一则关于生命的寓言"。

这本书的主人公是温妮,她家的小树林里有一眼"不老泉"。8月的一天,11岁的女孩温妮在小树林里遇见了杰西。杰西看上去是一位英俊的少年,其实他已经104岁了。杰西的爸爸塔克,妈妈梅,还有哥哥迈克,他们的相貌都和87年前饮下这泉水时一模一样。塔克说,他们被时间抛弃了,当身边的一切随着时间的流逝而变化时,只有他们什么都没有改变……

故事的情节,我不想赘述,如果你对它感兴趣,我希望你能读读这本书。我倒是想谈谈这本书留给我的一些思考。

爱,是禁锢,还是自由?

"温妮,别坐在草地上!会把鞋袜弄脏的。"那是她祖母的声音。

"快进来,温妮,马上!天这么热,待在外头会中暑的。该吃午饭啦。"这回轮到她妈妈了。

如果你是温妮,此刻你的心情如何呢?你感受到的是祖母与妈妈无微不至的爱的温暖,还是被管束得不到自由的窒息?

"我要是有个弟弟或妹妹,他们要看住的人还能多一个,好歹有个分担,可家里偏偏就我一个孩子,成天被这么管着,我烦透了。要是能一个人待着就好啦，我不想像现在这个样子。"

这是书中温妮的一段内心独白，我也曾从另一位女孩口中听到过一段如出一辙的话："我希望我的妈妈生二胎，这样她就不会天天管我，天天教训我了。弹琴弹不好要挨骂，作业做不好也要挨骂。"

这位在家里被妈妈管着盯着的女孩，一到学校就寻找一切自由的机会。所有任课老师都认为这个女孩特别好动，她在课堂上永远无法安静。别的同学在画画，她就噼里啪啦找文具，一直到下课，图画本上还是空白；别的同学在吹笛子，她就叽里呱啦地和同学讲话。课堂上，她不是做着小动作，就是把文具盒一次次丢在地上，再一次次捡起来⋯⋯

虽然给孩子立规矩是必要的，原则性的问题家长自然不能退让，但并不是事无巨细，所有的事情都要求孩子无条件服从家长的规定。我的家乡有句俗语"箍紧必炸"，一旦孩子在家庭里被禁锢得厉害了，他们必定会在其他场合寻找释放的机会。

在学校里对同学拳脚相加的孩子，要么是在家里被宠得无法无天，对家长也能挥拳头的；要么就是在家长的拳头下长大的。

没有底线，事事迁就的爱，不是真正的爱；步步相逼，剥夺孩子的时间和空间，剥夺孩子的选择自由的爱，也不是真正的爱。

永生，是祸，还是福？

如果你的面前有一眼"不老泉"，你会俯下身子，捧起泉水饮下，获得永生吗？我不会。在读这册《不老泉》之前，我的答案是不会，读完这册书后，我的答案依旧是不会。

曾和朋友聊过："我不希望自己活得很老，活着的时候，过好每一天就可以了。"这个话题我也曾和涵聊过，涵说："在这一点儿上，我和你的想法是一致的。"

"你知道我们周围是什么吗，温妮？"塔克用低沉的声音说，"是生命。它们活动、生长、变化，没有一刻是一样的。就说这水，你每天早上朝它看，好像都是一样的，其实不是。一整夜它都在流动，从西边那条小溪流进来，朝东边那条小溪流出去。它永远安静，永远如新，永远在流动。这水流你几乎看不见，是吧？有时候起风了，你会觉得水是朝相反的方向流，但其实水流的方向是不变的，它永远不会停下来。过了很久之后，总有一天，它会流进大海。"

"死亡是轮子的一部分，就在新生的旁边。你不能只挑自己喜欢的，把别的扔掉。能成为整体的一部分，这是有福啊。但这种福分没降落到我们塔克家头上。活着不容易，但像我们这样给扔到一边活着，就没有什么意思了。我要是知道怎么爬回轮子上去，我会立刻就去做。人不能只活不死，所以我们这种生活不能算是活着。我们只是存在，就像路边的石头一样。"塔克的声音变得粗哑起来。

路边的石块有寿限吗？没有，它就这样日复一日年复一年地待在路边。塔克一家有寿限吗？没有，他们就这样日复一日年复一年地保持着87年前的模样。刀割不破手指，子弹穿不透胸膛，从树上摔下来毫发无伤，吃了毒蕈依旧安然无恙。

刀枪不入，长生不老，对于许多人来说，是求之不得的事，但这对塔克一家来说，并不是福报。因为长生不老，他们不得不四处迁徙。为了守住不老泉的秘密，他们不敢结交任何朋友。死亡对于他们来说，是无比渴望却又求之不得的。

当我们面对镜中的自己，看着额头和眼角的细纹，看着脸颊上次第生出的斑点时，是否曾渴望过青春永驻，拥有不老的容颜？可是，如果真的几十年、上百年，甚至千万年，你不得不面对镜中永不变老的自己，没有一道新添的细纹，没有一个新生的斑点，你说不定会和梅一样，再也不愿多看一眼镜中的自己。

因为我们都要面对死亡，而死神来临的时间又不确定，所以我们才会更加珍惜活着的日子。爱自己所爱的人，做自己喜欢做的事，把每一天当作自己生命中的最后一天，好好地过，我们才能过得有滋有味。只有尝遍了生活中的酸甜苦辣，经历了四季的风霜雨雪，看过了世间的草木山水，我们才可以从容赴死，才可以微笑地和这个世界道别，这又何尝不是一种幸福？

成长，是必然，还是或然？

"现在，温妮把双臂搁在窗台上，心想，自己的确不一样了。所有的一切只发生在自己身上，跟他们无关。无论她说多少遍，都无法让他们理解或分享自己的感受，她感到既满足又孤独。她在摇椅上摇晃着，凝视着窗外的暮色，真切地体验到了一种平静的安全感。正是这种感觉像纽带一样将她和母亲、父亲、奶奶连接在一起，它如此坚韧、古老和珍贵，不可能断裂。但现在出现了一条新的纽带，不断地牵引着她，将她与塔克一家同样紧密地连接到了一起。"

在经历了"绑架"，认识了塔克一家以后，温妮已经不再是以前的温妮了。因为她有了离开家人、离开家的经历，因为她在塔克的家里感受到了与自己家完全不同的氛围，所以她已不再是离家前的温妮了。塔克一家人已经或多或少地在她的生命里留下了印迹。

试想，如果没有遇见杰西，如果没有被"绑架"，如果没有在湖边小屋里与塔克一家的相处，温妮还会发生像现在这样的变化吗？

人总是一天天长大的，个子长高，体重增加，这些都是生理指标。可是，人真正的成长，不仅仅是年龄增加了，个子长高了，更重要的是一个人的心理状态的成长。永远被父母的羽翼呵护着的孩子，会成长得慢一些；生存环境恶劣的孩童，他们往往会早熟一些。

遇见不同的人，经历不同的事，一个人成长的方式也会有所不同。有的人是被动成长，因为境况的变化，不得不逼着自己从不能到能，从不可以到可以。我一个人来到异地生活，因为家离学校较远，我逼着自己学会了开车，这曾是我认为不必要也不可能学会的技能。但是在一个暴风雨的清晨，我在小区门口拦不到出租车，在路边淋了一个多小时的雨，在那个撑着伞依旧浑身淋得湿透的清晨，我流着泪给先生打电话，他却表示无能为力，那一刻起我决定一定要学会开车。当你无所依靠时，你只能靠自己。

　　有的则是主动成长，比如寄居蟹。你见过寄居蟹换壳吗？它们每隔一段时间就会换壳，他们会换到越来越大的壳里，只有这样它们才能渐渐长大。而鱼缸里的鱼，由于鱼缸不会变大，鱼的体型大小就会受限于鱼缸。对于人来说同样如此。有的人为了拥有更美好的明天，他会抛弃已有的舒适而安逸的生活与工作环境，挑战不可知的未来。虽然明天并不一定如他预期的那般美好，但在他走向明天的这段旅途中，只要他努力了，他就不再是原来的自己，他已经在成长，他已经成为更接近美好的自己了。

　　"接着她灵光乍现，转身跑进屋里，冲到卧室里，打开衣柜的抽屉，取出瓶子——就是杰西送给她的那个装泉水的瓶子。很快，她跑回院子里，蟾蜍仍然趴在那里，狗也仍然等在栅栏边。温妮拔出瓶口的木塞，跪了下来，缓缓地、小心翼翼地把珍贵的水倒在蟾蜍身上。……温妮拾起蟾蜍，捧在手里。蟾蜍镇定地坐着，眨着眼睛，背上有亮晶晶的水珠。"

　　杰西交给温妮的泉水，是让温妮在17岁时喝下它，杰西想要和温妮永远生活在一起。小瓶子空了，可小树林里还有很多很多的泉水。17岁的温妮到底有没有喝下"不老泉"的水呢？这本书的结尾会给你答案。

　　其实，我们阅读每一本书，并不是为了寻求答案。读他人的故事，想自己的问题。我蓦地想起席慕蓉的一句诗："在别人的故事里，流着自己的泪。"

相遇，在灵魂的平原

初冬的一个午后，我坐在阳台上的小椅子上，暖暖的阳光透过窗户玻璃，静静地照耀着我。我手中是一本《读者》，一篇陈希米怀念史铁生的文字就这样闯进了我的眼帘……

文章的标题下面是一幅史铁生和陈希米的合影。背景是满得似乎随时会胀裂的书柜，史铁生依旧坐在轮椅上，依旧戴着那一副宽大的黑框眼镜，他微笑着，眼神依旧是平静的，他似乎永远就是以这样一种从容的姿态迎接着命运给予他的一切。陈希米，短发，清瘦，穿着白色高领毛衫的她默默地站立在轮椅的左侧，她也是微笑着的，但是我似乎可以从她丰富的眼神里，读到甜蜜、忧伤、不舍，甚至是恐惧。

这篇文章是陈希米在史铁生去世以后写下的文字，平实无华的文字，却是那么凄婉动人。读着如此深情的文字，我真切地感受到，相爱的人，即使是生死也无法将他们相隔，他们依旧可以相互依偎。

很久以前就读过史铁生的《合欢树》《我与地坛》《秋天的怀念》……，我喜欢他的文字，澄澈清明。

记忆最深刻的是他曾经说过的一句话："我的职业是生病，业余在写作。"史铁生在一篇文章里这样写道："把身体比作一架飞机，要是两条腿（起落架）和两个肾（发动机）一起失灵，这故障不能算小，料必机长就会走出来，请大家留些遗言。躺在'透析室'的病床上，看鲜红的血在'透析器'里汩汩地走——从我的身体里出来，再回到我的身体里去，那时，我常仿佛听见飞机在天上挣扎的声音，猜想上帝的剧本里这一幕是如何编排。"

他以一种戏谑的口吻谈论着自己的残疾与重病，文字里流露出对待生死的那份通透与豁达，无法不让我动容。上帝如何安排这一幕，只有上帝知晓。2010年12月31日，史铁生突发脑出血，他没能看到2011年的第一缕阳光……

《灵魂的事》是史铁生逝世一周年的纪念版。简约到极致的封面上只有一张空了的轮椅，轮椅曾经的主人已去了另一个世界，轮椅上空留一副黑框眼镜，轮椅上方是竖着排列的两行字：悠久的时光被悠久的虚无吞并又以我生日的名义卷土重来……

《轻轻地走与轻轻地来》是《灵魂的事》的代序。"轻轻地我走了，正如我轻轻地来"，徐志摩的这句诗，史铁生曾多次说过。在他看来，这句诗是对生死最恰当的态度，作为墓志铭真是再好不过了。我不知道，史铁生的墓碑上是否真的留下了这句诗作为他的墓志铭。其实，有没有这样的墓志铭已不重要。

"对我而言，开端，是北京的一个普通四合院。我站在炕上，扶着窗台，透过玻璃看它。屋里有些昏暗，窗外阳光明媚。近处是一排绿油油的榆树矮墙，越过榆树矮墙远处有两棵大枣树，枣树枯黑的枝条镶嵌进蓝天，枣树下是四周静静的窗廊。"——这是史铁生描述的他与世界初见时的情形。一个刚刚学会站立的孩子，扶着窗台，透过玻璃窗张望这个世界的画面，就这么清晰地印在我的记忆中，再也抹不去。

"我蹒跚地走出屋门，走进院子，一个真实的世界才开始提供凭证。太阳晒热的花草的气味，太阳晒热的砖石的气味，阳光在风中舞蹈、流动。青砖铺成的十字甬道连接起四面的房屋，把院子隔成四块均等的土地，两块上面各有一棵枣树，另两块种满了西番莲。西番莲顾自开着硕大的花朵，蜜蜂在层叠的花瓣中间钻进钻出，嗡嗡地开采。蝴蝶悠闲飘逸，飞来飞去，悄无声息仿佛幻影……"

我又跟随着那蹒跚学步的婴儿，一步步走在这被太阳晒热的小院，院里有枣花的气息，西番莲硕大的花，似乎填满了整个画面，耳边有蜜蜂的嗡嗡声。不知道，你们是否也能记起自己与这个世界最初相见的画面，我是记得的。

童年的记忆是如此清晰，不像素描那般，只有轮廓和淡淡铅笔痕描摹的光影，而是如油画般的浓烈与斑斓。很多人的记忆是从上小学开始的，可是我却能清楚地忆起两三岁时的情形，那时候，我和爷爷奶奶生活在一起，我们的老宅宽大而敞亮，那么大的院子里种着一棵又一棵果树。每到秋季，果香便弥漫了整个庭院，那伸出院墙的横斜的枝丫上，也沉甸甸地压着硕大的梨，圆溜溜的苹果红着脸蛋，紫莹莹的葡萄爬呀爬呀，似乎只要给它足够高的葡萄架，它们可以一直爬到月亮上！

而青砖砌成的古旧的花坛里，除了几丛矮矮的仙人掌，便是那株高大的栀子花树了。记忆中，那一棵栀子花树总是那么繁茂，它默默地伫立在青砖黑瓦的老宅的屋檐下，无所诉求。总是在每一个夏天，在某个暴雨过后的清晨，它便盛开了无数朵硕大、洁白、芬芳的栀子花。那小小的庭院，便被浓浓的花香氤氲成一幅迷离的黑白图画。时过境迁，这幅刻着小院、老宅和栀子花树的图画，不但没有随着时间的流逝日渐模糊，反而倍加清晰地留在了我童年的记忆中！

死，对于我们来说，似乎还有些遥远。可是，对于一直与病魔战斗的史铁生来说，死神似乎总是在离他不远的地方偷窥着他，他说："因而我盼望夜晚，盼望黑夜，盼望寂静中自由的到来。甚至盼望站到死中，去看生。"

在《灵魂的事》里，许多文字都有着如此超然的意味。读着读着，你会觉得自己似乎一步步走在一个寥落的平原上，一个看不见边际的平原上，夜晚，你可以看到天空中的星星……

这个平原有一个名字，那就是——灵魂。

期待下一个奇迹

还记得2010年的暑假，一个炎炎夏日，我在泰州实验学校的阶梯教室里聆听江苏省教科所彭钢所长的报告。彭所长讲了雷夫和他的56号教室的故事。从那时起，我便对大洋彼岸的那位名叫雷夫·艾斯奎斯的小学老师充满了好奇和敬意。他在美国洛杉矶市中心的一间会漏水的教室里，用了将近四分之一世纪的时间，创造了一间充满奇迹的56号教室。他的故事感动了整个美国。一个小学教师怎会创造这样的奇迹？我静静等待着与雷夫的再一次邂逅！

开学初，在学校教师阅览室里，我惊讶地发现，书架的一角放着一本书，封面上那长着络腮胡子，满脸微笑，被学生们团团围住的雷夫，似乎静静等待着与我邂逅的这一刻。我无法用语言形容当时的惊喜，手捧着《第56号教室的奇迹》，急切地推开那间教室的门，走到雷夫老师和他的孩子们身边。

打开扉页，雷夫的一句话闯进我的眼帘，重重地敲击着我的心灵："我这个老师没有特别突出的创造力，于是，我决定给他们我能力范围内最宝贵的东西——时间。"雷夫用四分之一世纪的时间，在一间小小的教室里创造的奇迹，带给我的除了惊讶，更多的是感动。每年48周，每周6天，每天12小时，雷夫都和他的孩子们在那间狭小的教室里，沉浸在莎士比亚、代数和摇滚的世界里。每年的其余时间，他都和孩子们在旅行。他给孩子们的是他全部的时间，全部的精力和全部的爱。正如雷夫所说"教育是没有捷径的"，第56号教室的奇迹正是源于雷夫全身心的投入！

打开第一部分《家最温暖》的插图，一行小小的字映入眼帘："第

56号教室为孩子们打造了一座躲避暴风雨的天堂。"在这个天堂里，没有害怕。一行行小标题是天堂里温暖而明亮的灯光——"以信任取代恐惧""做孩子们可靠的肩膀""纪律必须合乎逻辑""你就是榜样"……

读着雷夫和孩子们的故事，我不禁想起了我和我的孩子们。我在批改《品德与社会填图册》的时候，有一个题目是问孩子们喜欢班主任的理由。我发现孩子们的答案大同小异，他们喜欢我是因为我总是微笑着给他们上课，微笑着给他们讲故事；喜欢我还因为我的声音很好听，讲话很温柔；喜欢我是因为我很少发火，总是耐心地给他们讲道理；喜欢我还因为我很公正，对他们不偏不倚。还有一个答案，让我不禁莞尔一笑："班主任总是和我们一起做操，而且不管多冷，老师也和我们一样不戴手套，不戴围巾……"是呀，我们绝对不能忘了，老师是孩子们的榜样，要求他们做到的事情，自己要先做到。所以，我一直对孩子们说："向老师看齐！"每一次大扫除，我都和孩子们一起扫地擦窗户；每一次课间操，我都和孩子们一起做操，每个动作都力求做得标准到位。因为我知道，有61双明亮的眼睛在看着我。虽然我的教室里没有创造出第56号教室里的奇迹，但在我的教室里也有家一般的温暖。孩子们很信任我，他们会在日记里向我倾吐心声，他们还会用写信、写便条的方式和我交流。我平等地对待每一个孩子，对他们一视同仁，因为我深深知道，不公平的老师是无法得到学生的信任和爱戴的。

读到第三章《培养终身阅读的孩子》时，我分外认真，细细咀嚼，慢慢品味。读着这一章节的文章，我感觉到雷夫既是我的知音，更是我的良师。雷夫老师坚信"热爱阅读的孩子将拥有更美好的人生"。

第56号教室衡量孩子们阅读能力的标准是他们阅读时发出的笑声和流下的泪水，从第56号教室走出来的孩子，他们将终身阅读，为人生而读。

我知道，阅读是为孩子们奠定人生基石。为了让孩子们爱上读书，我也一直努力着。每年暑假，我都会流连在新华书店。每次去，我总是会带上笔记本，在一排排儿童读物间走走、停停、看看。每当看到适合孩子们看的图书，我就会记下书名和出版社。

每学期开学前，留在我笔记本上的书名都有100个左右。开学时，我会让孩子们在我精挑细选的图书中选择一本购买，然后我会在书名后记下他的名字，这样下一个同学再挑时，就不会重复了。这样做的目的在于，61个孩子，如果每人买一本，我们班级的图书角中就会有61本不同的图书了。

我从三年级接这个班开始，到现在五个学期过去了，我们班的孩子差不多读了300本新书。除了为孩子们挑选图书，我还经常召开读书交流会，孩子们总是争先恐后、畅所欲言地表达自己的阅读感受。雷夫老师在书中说，他会引导孩子欣赏由他们读过的原著改编的电影或演出。

我不禁想起上一周，我在电影频道的节目预告中得知，1月1日晚上将播出电影《夏洛特的网》。这部电影的原著《夏洛的网》，两年前我就推荐给孩子们了。

周一的晨会课上，我做了调查，有半数以上的孩子读过这本书。我告诉他们，周六晚上将播出电影《夏洛特的网》，希望他们可以利用一周的时间阅读或者温习这本书，周六再观看电影，元旦过后，我们会交流观后感。孩子们听了欢呼雀跃。午间阅读时，我看到许多孩子正捧着《夏洛的网》津津有味地读着呢！前几天，有个孩子告诉我，他刚在书店买了一本好书，看完以后想放到图书角，他希望可以和其他同学分享阅读的快乐。我笑着摸摸他的小脑袋，我深信，想和别人分享阅读快乐的孩子，必定是发自内心地热爱阅读的。我们班61个孩子，在填写兴趣爱好的时候，有59个孩子写下的是"阅读"。每天的午间阅读时间，我在讲台前捧一本书，每个孩子也都在静静地看书。那时候，我觉得教室里正静静流淌着一条散发着书香的河流，那河流滋润着我和孩子们的心田。那一刻我是幸福的，孩子们也是幸福的。

我一页页翻看着《第56号教室的奇迹》，我似乎已经推开了洛杉矶市中心的那间狭小的教室的门，看着雷夫老师和孩子们一起做实验、做手工；和孩子们一起听摇滚乐，看经典电影，表演莎士比亚的戏剧……，充满教育理想和激情的雷夫，充满爱和教育智慧的雷夫与充满勇气、毅力和热情的第56号教室的孩子们共同创造了第56号教室的奇迹。我和我的孩子们是否也可以创造这样的奇迹？

我默默地期待着下一个奇迹，一个属于我和孩子们的奇迹！

第六辑

理想的家庭教育

理想的家庭教育

《家庭教育是什么——一位校长给家长的建议》这本书一直被摆放在我老家的书架上，这本书的作者是江苏省天一中学的原校长沈茂德。我的孩子涵曾就读于天一中学。每次家长会，只要沈校长讲话，我就不舍得漏听一个字。

沈校长，一位自称"农夫"的校长，一位把每个孩子当作金矿的校长，一位在退休后常常被天一师生想念的校长……

2015年春天的一个周末，我第一次见到沈校长。那天沈校长穿着一双方口黑布鞋，这个细节我一直忘不了。我还记得他曾问涵读过哪些书，涵聊着自己读过的书，沈校长看着涵，眼含笑意，微微点头……

作为家长，你应该以热腾腾的情感呵护孩子成长，以无限的期盼引领孩子成长，以充满智慧的教育行为帮助孩子成长，以农夫守望麦田的耐心等待孩子成功。

儿童的伟大之处就在于可能性。儿童就是儿童，他还没有成熟，还没有确定，还没有完成……儿童有无数种可能。

这一行行文字，会让打开这本书的你不由自主地屏息，你似乎可以听到自己的心跳声，好的文字总是如一面镜子，让你忍不住要走向前，照照自己。

家庭生活是一种彻头彻尾的浸泡，孩子是酸还是甜，都在这种印刻式的浸润中形成。如果孩子在家庭生活中没有养成"三好"（身体好，性格好，习惯好），那么，这个孩子就很可能成为学校中的"差生"。如果孩子在家庭里养成了坏身体、坏性格和坏习惯，那么，无论学校的教师和校长多么能干，他们也很难改变孩子。倘若在家庭生活中没有培植良好的根系，孩子绝不可能成长为一棵茂盛的大树。

绪论中的这段文字，明白地告诉读者，家庭教育是根，若根没有长好，树苗自然不会成为栋梁之材。

"身体好，性格好，习惯好"，不知道有多少家长是真正重视培养孩子成为这样的"三好生"的。在绪论中，沈校长将家长们的行为一一罗列，我摘录其中几则，或许读到这篇文章的你，会在这些文字中看到自己的影子。

千方百计将孩子挤进重点学校，到处寻访名师给孩子辅导，但没有认识到梦想、兴趣、内驱力、持久力等才是支持孩子前进的核心素养。

对孩子的教育简单粗暴，孩子成绩退步便勃然大怒，名次靠前就得意忘形。从不关心过程，只要结果。很少与孩子进行深入对话与心灵沟通。

总羡慕别人的孩子是神童，没能准确把握与深入认识自己孩子的兴趣和强势智慧，也没有及时给予孩子个性发展的指导与帮助。

……

学区房的价格暴涨，依然一屋难求，多少家长迷信于名校名师，却从不曾真正读懂孩子的内心所求。每个孩子都是有梦想的，或者说都曾经是有梦想的，你支持过孩子追求梦想吗？你了解孩子的兴趣爱好吗？你知道孩子最渴望什么，最畏惧什么吗？你知道孩子最崇拜的人是谁，最亲密的伙伴是谁吗？你有多久没有和孩子面对面，好好地聊聊天？你是不是常常以"别人家"的孩子为开场白？你是不是常常以"你如果学习能这么用心就好了"为结束语？

"补差补差（课外辅导），越补越差；扬长扬长（准确把握孩子的长处所在，予以鼓励和引导），越扬越长。"这句话，沈校长在家长会上说过不止一次，在书中再一次亮明自己的观点。沈校长说，他的这句话完全来自对教育实践的分析。

　　沈校长的这个观点，与我的教育实践可谓不谋而合。作为家长，我从没有送孩子上过任何一个课外辅导班；作为教师，我也一直告诉家长要善于发现孩子的亮点。

　　有的孩子很有艺术天分，绘画、音乐、舞蹈有模有样；有的孩子很有语言天分，阅读能力和表达能力都很强；有的孩子逻辑思维能力不一般，似乎没有他解不出的数学难题；有的孩子想象力丰富，小脑瓜里的奇思妙想常常令人惊叹；有的孩子有敏锐的洞察力，读人赏物，任何细枝末节都不会疏漏……

　　可是孩子的这些亮点，有些家长却视而不见。当孩子把栩栩如生的手工作品捧到家长面前时，或许得到的是冷冷的一句："尽做些没用的，有空还不如去刷刷题。"当孩子解开数学难题，欢呼雀跃时，或许会听到这样的提醒："光是数学学得好有什么用？你看看，你的作文得了几分？"当孩子蹲在草丛边，仔细研究一只小瓢虫时，或许会被家长拉起就走："看看看，再看也看不成法布尔！"

　　当孩子被一次次泼冷水时，当孩子的"长"一次次被忽视时，当孩子的"短"一次次被强调时，孩子终将失去自信、失去快乐、失去成长的动力……

　　如果你是父亲，请一定要读读这本书的第四章《有一种事业，叫父亲》：每个家庭都有一位重要人物，他叫父亲。男孩将父亲作为榜样，长大后要成为父亲那样的人；女孩依赖父亲，潜意识中会把父亲对母亲的态度和方式作为未来自己构建小家庭的参考。有了父亲的存在，才有了完整的家庭教育。父亲的言行影响着孩子的学业，及今后的事业、婚姻和家庭。

　　如果你是母亲，请一定要读读这本书的第五章《妈妈是真正的教育家》：影响孩子人生走向的，不是坐在会议桌旁那些大人物的言语，而是推动摇篮的那双手。妈妈不仅要给予孩子生活上的照顾，更重要的是，妈妈是孩子成长最重要的领路人，她以自己为书，教育孩子如何正直做人、正确做事。作者真诚地提醒，不要做"虎妈"，"100分妈妈"也不可取。

孩子成长的过程是不可逆的，谁也无法把孩子变小，重新走一遍成长的路。父母教育的有效期是很短的，如果错过，花再多的时间、精力去弥补，收效依旧甚微。如果你能认真读读沈校长的这本《家庭教育是什么——一位校长给家长的建议》，或许你会少走一些弯路，或许你能反思自己的教育行为，或许你的孩子会因为你的改变而改变。

理想的家庭教育是什么？从你打开这本书的那一刻起，答案会越来越清晰……

云中谁寄锦书来

只有忙完学校里的所有工作,真正意义上的寒假才算开始……

上午半天,我给涵写了一封长长的信,六页纸。上一封给涵的长信,写于2016年6月30日,那是涵放暑假的第一天。半年的时光,就这样悄悄流逝……

"见信如面",如此温润如玉的文字,只有纹理清晰、洁白柔软的信纸才能安放,再没有比这更妥帖的词语可以形容读信时的感受了。我既喜欢写信,也喜欢收到回信。落在纸上的字迹或潇洒或娟秀,夹在信封里的一片落叶,印在文字间的一滴泪痕,残留在信笺上的一缕馨香,这些都是隔着冰冷屏幕的电子邮件永远无法传递的动人气息……

"你上一次写信是什么时候,最后一个给你写信的人是谁?"这是昨天读到的一篇文章的开篇,这两个问题你能答出吗?我可以。

写信,等待回信;再写信,再等待回信。我喜欢这样缓慢的节奏,将木心的那首《从前慢》读了又读。

记得早先少年时
大家诚诚恳恳
说一句 是一句

清早上火车站
长街黑暗无行人
卖豆浆的小店冒着热气

从前的日色变得慢
车，马，邮件都慢
一生只够爱一个人

从前的锁也好看
钥匙精美有样子
你锁了 人家就懂了

正是因为车、马、邮件都慢，才有了"欲寄彩笺兼尺素，山长水阔知何处"的怅惘；而迅捷的电邮、微信、快递，早就冲淡了"山盟虽在，锦书难托"的哀愁……

前文提到的文章，题为《写信的人，是喧嚣时代最后的贵族》，只是这最后的贵族怕是越来越少了吧……

无独有偶，我昨天读到的另一篇文章提到了被誉为"爱书人的圣经"的《查令十字街84号》。这册薄薄的小书我早就读过，此书是纽约作家海莲·汉芙与伦敦旧书店主管弗兰克·德尔的书信集，他们长达20年的通信，读来倍感温馨。当海莲从弗兰克遗孀的来信中得知弗兰克病逝的消息时，唏嘘不已，她写信给前往英国旅行的朋友，信中这样说道："你们若恰好路经查令十字街84号，请代我献上一吻，我亏欠他良多……"

海莲和弗兰克通信20年，却从未见上一面。虽不是情书，可那些隔着时空的对话，却显得特别动人。读着这本书，我甚至能想象出谨言慎行的英国绅士弗兰克在收到海莲来信时，读到信中那俏皮甚至有些蛮横的话语时，唇边不自觉漾起的笑意……

我并不知道这本书在30年前就已被改编成同名电影，直到读到《伦敦，书影憧憧的街与巷》这篇文章，才按图索骥地搜索到这部电影。

电影忠于原著，影片中的独白几乎都来源于原著中的书信，看这部电影就等于重温了原著。影片中饰演弗兰克的安东尼·霍普金斯就是我想象中的弗兰克的模样，影片中的他不苟言笑，可是在读海莲的来信时，果真唇角微微扬起，漾着笑意……

可并不是所有的通信，都是可以微笑着读的。我不禁想起另一部电影《海角七号》，这部片子是很久前看的，情节我几乎一点儿也想不起，但却牢牢记住了影片中日文教师写给友子的七封信……

此刻，我仿佛又看到一艘在大海上航行的海轮，一个孤独的身影面对大海，夕阳染红了整个海面，低沉而忧伤的独白此刻又响起在耳边……

友子：
太阳已经完全没入了海面。我真的已经完全看不见台湾岛了。你还站在那里等我吗？
…………

此刻的天空，每一朵云都在燃烧……
云中谁寄锦书来？

谁是时间的主人

有的孩子善于安排自己的时间，有的孩子则不然。

在校期间，有的孩子写作业速度比较快，他们在完成了课堂作业以后，有的提前写家庭作业，有的阅读课外书，或是做自己喜欢的事，比如画画，做手工。但有些孩子做完了作业，却不知道自己还可以做什么，不是东张西望、无所事事，就是交头接耳、窃窃私语。因为，这些孩子习惯了等着家长或者老师给他们布置各项任务，他们不知道除了完成师长安排的任务，还能做些什么。

每到寒暑假，好多孩子都会有一张计划表，那么这张表该由谁制订呢？家长制订？孩子制订？还是家长与孩子共同制订？我觉得最好是由孩子先拟好计划表的初稿，家长可以给出一些建议，最终由孩子制订假期计划。有些孩子不仅有假期计划，还有每天的作息时间表，有些时间表甚至精确到分秒。对于这样的作息时间表，我并不持赞同态度。

假期的意义在于放松身心，应该比在校期间轻松些。学习生活需要有张有弛，如果一直处于紧绷的状态，或许孩子会产生厌学情绪，甚至影响孩子的身心健康。如果假期里，孩子也要每分每秒严格地遵守时间表，不能有丝毫的放松，不能自由地安排自己的时间，那么这样的假期还是假期吗？

孩子应该拥有支配时间的权利。记得涵上小学的时候，他每天都是在学校做完家庭作业再回家的。晚饭后，我得去超市买菜，为第二天的午饭做准备，所以涵晚上常常一个人在家。我只要求他九点前上床睡觉，至于晚上的时间他用来干什么，我是不过问的。他最喜欢的就是看书了，晚上的时间，他通常用来看书。四、五年级的时候，我发现他把我的

《古文鉴赏辞典》放在卧室的床头，他睡前总要读上几段。我问他为什么要读，他告诉我："因为喜欢。"随后，他又加上一句，"经典就是经典哪！"我还记得，他说那句话时意犹未尽的语气……

涵不仅可以自由支配晚上的时间，还可以自由支配双休日和寒暑假的时间。参不参加兴趣小组？参加什么兴趣小组？也是他自己说了算。我记得他几乎把少年宫开设的那些兴趣小组都轮流尝试了一遍，美术类的学过儿童画，学过素描；棋类的学过国际象棋；乐器类的学过钢琴；球类的学过足球……这些学过的，不喜欢的就不再学了，他最喜欢的是京剧，可是后来因为学京剧的孩子太少，少年宫不再开设京剧班，只能作罢，他为此很是遗憾。不过他对戏曲的热爱一直保持着。后来，他考入北京大学，只要学校里有京剧或昆曲的演出，他都会买票观看。

不仅要让孩子拥有支配时间的权利，还要让孩子学会安排自己的时间。

放假时，我会鼓励涵列一个假期计划，比如什么时间段完成假期作业，什么时间出去旅游，什么时间走亲访友，这些都让他自己规划。要让孩子从小学会安排自己的时间，只有他们心中有规划、有目标，做事才能有序、有度。

我从来不布置额外的作业给涵，他只要认真完成老师布置的作业即可。所以，他有大把的时间用来做自己喜欢的事。除了看书，有一段时间，他迷上了电子积木，当接通电线，灯泡亮起来，小电扇转起来时，他的欢呼声会从小房间里传来。还有一段时间，他爱上了两轮滑板，每天晚饭后，就抱上滑板去体育公园，摔倒了爬起来，爬起来再摔倒。

成长过程中哪有不摔跤的呢？这也是他人生中不可缺少的经历。

因为《77个令人惊讶的实验》这本书，他又爱上了做科学实验。我发现厨房里的一袋盐空了，原来是涵把盐融化在水里，他想等水分蒸发，看看是否会像书中说的那样，出现好看的晶体。他还让爸爸给他买了镁棒，做"打击取火"的实验。他捣鼓这些实验，我也从来不反对，只笑说："别把家里点着就可以。"

涵回答:"妈妈,放心吧,点火时,我都是在卫生间里的,不会酿成火灾。"所以,每当我回家时,闻到屋子里有一股煳味,看到卫生间地面湿漉漉的,我就知道,涵又做过"实验"了。

要想让孩子更有思考力,更有主见,家长不可以越俎代庖。不管是学习上的事,还是生活上的事,都要给予孩子更多自主选择的权利。家长可以给出建议,但家长不能代替孩子做决定。

尊重孩子的选择,就从把假期时间交给孩子规划开始吧,让孩子成为自己时间的主人!

影院见闻杂感

我与好友看下午场的《从你的全世界路过》。大概是国庆假期的缘故，影厅里竟座无虚席。

影片开始前，我右边坐着的一对母子一边吃着东西，一边旁若无人地大声谈笑。男孩大概十来岁，那位母亲的普通话里有着北方口音。

电影开始了，男孩不停地用力晃动身子，座椅随着身体的晃动而晃动且发出噪音，连我左侧的好友都感觉到自己的座椅在晃动。

我俯在男孩耳边，轻轻说："请不要晃动座椅。"

男孩停止晃动，可片刻工夫，他又开始晃动座椅，且和身边的母亲大声讨论着剧情。

突然，男孩的母亲与前排人吵起来："我碰到你的凳子，就一定是踹你呀？"语气中满满的火药味。

原来，这位母亲的脚不停地踢着前排人的座椅，前排的观众忍无可忍，转头提醒她。没料，这踢座椅的母亲不仅没有丝毫愧意，而且还当着孩子的面在影院里叫嚣……

此刻，我感到深深的悲哀……

家庭是孩子的第一所学校，父母是孩子的第一任老师，家长的一言一行会潜移默化地影响着孩子。

家庭教育是一个人接受的最早的教育，也是时间最长、给人影响最深的教育。家长都希望孩子成为有公德心、讲文明、懂礼貌、有担当的人，可如果家长自己做不到这些，又如何要求孩子做到呢？

父母是孩子的榜样，子女是父母的折光镜，孩子的言行折射出父母的个人修养、处世哲学和做人准则。

不乱扔垃圾，不随地吐痰，公共场合不喧闹……诸如此类的教育，应该在孩子入学之前完成。

涵很小的时候就知道，垃圾不可以随手乱扔，不管是废纸还是果皮，他都会握在手里，直到找到垃圾桶为止。因为，我也是如此做的。

我经常对涵说的一句话是："让世界因为你而更美好！"涵算是做到了，他身边的人常常可以感受到来自他的温暖。

三岁时，他的眼角撞在桌沿上，伤口很深，鲜血直冒，在去医院的路上，他竟然想到让我先向幼儿园老师请假。

他读小学时，体育课上小指受伤，我带着他去医院拍片，检查结果一出来，他就提醒我给体育老师打电话，以免老师担心。

读初中时，每学期期末打扫教室，他总是主动请缨，把教室打扫得干干净净，最后一个离开的总是他。后来，他转学到无锡，中考结束，他回到兴化的母校，依旧坐进教室，依旧如往年一般留下打扫教室，依旧最后才离开。

去温州旅行，同行的张老师没有带伞，涵说："妈妈，你和阿姨合撑一把伞吧。"他自己走在烈日下，把阴凉留给我和阿姨。

…………

"让世界因为你而更美好！"这句话，我也经常对我的学生说。可是，我知道，并不是每个孩子都能做到，因为他们的家庭背景各不相同，他们受到的家庭教育也各不相同。有时候，学校教育根本无法消解来自家庭教育的副作用。

《给教师的一百条建议》中有一个章节是关于家长学校的：家长们在自己的孩子入学两年以前就报名参加家长学校，他们在那里听课，直到自己的孩子从中学毕业为止。家长学校的心理学和教育学课程共计250学时。家长学校的听众们分为五个组，这是按他们的孩子的年龄划分的：①学前组（五至七岁儿童）；②一、二年级组；③三、四年级组；④五至七年级组；⑤七至十年级组。每组每月活动两次。主要的活动形式是由校长、教导主任和最有经验的教师进行讲课或谈话，把心理学和教育学的理论知识跟家庭教育的实际紧密地联系起来。

　　书中还详细列出了各年龄组家长学校的研讨话题。可是，几十年过去了，我们身边又有哪一所学校可以开设如此完整、系统、专业的家长学校课程呢？

　　"没有教不好的学生"，这句话是把学生置于学校教育的真空之中！学校教育不是万能的，教师不是万能的。

　　儿童最终成为什么样的人，受家庭、学校、社会等诸多因素的影响，若家长不具备一定的教育素养，若社会大环境不利于儿童的健康成长，教师的话语该是何其苍白，学校的教育该是何其无力！

　　整个民族素养的提升，是不是该以家庭教育为起点呢？好妈妈胜过好老师……

　　多么希望，多年以后，走进影院时，不再有手机铃声，不再有人频繁走动，不再有人大声喧哗……

　　多么希望，多年以后，走出影院时，不再有满地的垃圾……

赢了比赛，输了什么

我很少看电视，可这个周末，应涵之邀，我和他一起坐在电视机前，观看江苏卫视的《最强大脑》。听涵介绍，本场比赛是中国队对战意大利队。

这场国际挑战赛，中国队最终以3∶1的成绩赢了比赛。可是，观看了全场比赛的我，心中却久久无法平静。意大利少年安德烈与中国神童李云龙对决的那一环节，让作为母亲和教师的我不得不深思，我们的教育怎么了？

两个孩子年龄相仿，都是12岁。在介绍安德烈的VCR中，安德烈的笑容如春日的阳光一般灿烂，他身着白毛衣，在绿草如茵的足球场上尽情奔跑。在介绍李云龙的VCR中，展示的则仅仅是他在《最强大脑》的选拔赛中获胜的画面。

他们出场时，给我的第一印象就很深刻。安德烈身材挺拔而颀长，他的脸上挂着灿烂而温暖的笑容。李云龙却戴着眼镜，身材微胖。小小年纪就戴上眼镜的中国孩子何其多！据有关数据统计，中国小学生的近视率达到30%。可是，看看我身边的孩子们，近视的比例实际上远远高于这个数字。小学校园里，不仅"小眼镜"越来越多，"小胖墩"的身影也随处可见。

比赛前，主持人和两位孩子交谈的话语，更是深深刺痛了我。安德烈说，他每天下午可以和伙伴一起踢足球，周末的两天也是休息时间。李云龙却说，他从来没有休息日。一个从来没有休息日的孩子，又怎能健康地成长？他的身体健康吗？他的心理健康吗？安德烈说，他来参加比赛是为了享受游戏的快乐，当然他也相信自己一定能赢。李云龙的梦想呢？李云龙没有梦想，他的梦想就是实现父亲的梦想，正如评委陶晶莹所言，李云龙是"子承父业"。两个孩子并肩而立，安德烈有着灿烂的笑容，健康的身体，良好的比赛心态。从这位意大利少年的举止言谈中，我们可以感受到他正享受着童年的快乐。

比赛开始了，安德烈表现得非常从容，即使对手以比他快得多的速度完成了新郎新娘站位的记忆，并且已经开始摆模型了，安德烈依旧按照自己的节奏进行着比赛，他的确是把比赛当作了享受快乐的游戏。再看李云龙，摆模型时也是用最快的速度，起初或许是因为心情紧张，还把模型碰倒了几次。安德烈在摆模型时，依旧不慌不忙，我注意到一个细节，安德烈的模型摆放得整整齐齐，模型摆好之后，安德烈的手指又一一拂过每个模型，似乎在清点人数，那种专注的神情和比赛结果无关，他无比投入地享受着这场挑战记忆力的游戏，他并不在意他的对手早就完成了任务。

因为安德烈用时较长，按照比赛规则，首先是安德烈报数。突然，李云龙的脸上出现了无比痛苦的神情，他的眼泪也汹涌而出。而台下，他的父亲起初是满脸诧异，接着当他以为是儿子出错了的时候，也深深埋下了脑袋。不管是谁，此刻看到这对台上台下的父子表现出的这种扼腕顿足的痛苦，都会揪心不已。安德烈102个模型摆放顺序完全正确，赢得了全场的掌声，此时李云龙的情绪彻底失控。"我摆错了，可是我记对了呀！"瘫坐在椅子上的泣不成声的李云龙一遍遍重复着这句话。主持人、评委、父亲轮流上台劝慰他，直到评委让他报数时，他才勉强控制住情绪，抽泣着继续比赛，结果李云龙的记忆也是完全正确的，而且因为用时较短，赢得了比赛。

当主持人宣布李云龙胜出时，刚才垂头丧气的父子俩都显得特别兴奋，而另一边的安德烈却流下了眼泪，只是他的泪不是为比赛的失败而流，而是为李云龙而流。安德烈说："我刚才很担心李云龙，他看起来很难过，我想要去拥抱他。"安德烈果然流着泪和李云龙紧紧拥抱在一起。正如主持人所言："安德烈的泪水征服了我！"这因为担心对手而流的泪水,征服的岂止是主持人,这泪水征服了每一位观众。

试想,在以各种各样的考试、比赛、考级来考评衡量孩子能力的中国,又有几个家长能做到不盲从、不随大流呢?孩子们的童年被家长们安排的各种辅导班、特长班填得满满的。孩子们没有娱乐,没有休息,忙得像个团团转的陀螺。我们又怎能指望那停不下来的陀螺,能把比赛当作享受快乐的游戏?能因为看到对手太难受,而情不自禁地流下眼泪?充斥在孩子生命中的是"非赢即输"的观点,谁也不想输,谁也输不起。长此以往,这残酷的竞争模式磨灭了孩子们天性中最温柔最善良的光芒,他们已不懂得爱,既不懂得爱生命、爱生活、爱世界,更不懂得爱对手!

比赛结束后,几位评委的点评也振聋发聩。李永波说:"其实他们两个人都完成了挑战,只是李云龙用的时间稍微短了一点儿,可是他失去了自己童年很多快乐的时间,我觉得这样的胜利未必值得我们大家去学习。"陶晶莹则对李云龙说:"我们节目比的是最强大脑,但是我觉得最重要的是身心均衡的健康发展,所以李云龙你要多多交朋友,多多运动,虽然你的脑子已经很发达了,但是你要健康地活下去。你的人生观因为碰到了安德烈,一定要有所改变。"

安德烈从容淡定地享受比赛,安德烈因为担心对手而流下的泪,安德烈给李云龙的拥抱,安德烈的一言一行,让他成为一个真正的赢家。而李云龙虽然赢了比赛,可是,他输了什么呢?

中国神童李云龙身上暴露出的问题,值得每一位家长和每一个教育工作者深思,更需要我们寻找解决问题的良策……

后　记

　　我是一个小学语文老师，今年是我教书的第二十七年；我也是一个大三男孩的妈妈，那个男孩就是书中的涵。

　　整理书稿时，我读着自己曾经写下的这些熟悉又陌生的文字，竟然一次次泪目。在过往的时光里，遇见的那些人、那些事，从文字中慢慢浮现，慢慢向我走来。书中的那些孩子，有的已经读大学，有的正在读中学，有的还在读小学。我只是教过他们的许许多多个老师中的一个，他们也是我教过的许许多多个学生中的一个，但因为文字记录了我们曾经相伴的时光，我和他们便成了彼此生命里的一份"独特的存在"……

　　这本书记录的教育故事，有的发生在校园里，有的发生在家庭里，还有的发生在其他公共场所，这其实对应着的正是学校教育、家庭教育、社会教育。在每一个场景中，每个人的身份或许都会发生变化，我们既是教育者，也是被教育者。从某种意义上来说，这本书的作者除了我，还有我的学生，我的学生的家长，我的儿子，甚至我读过的一些书籍的作者……

　　二〇一二年，我曾经出版过一本教育随笔集，那一本出版得有些仓促，自然留下不少遗憾。时隔八年，我再次整理书稿时，多了一份从容。为了不辜负自己，不辜负正在读着这本书的你，不辜负一字一句为我校对书稿的好友——赵冬俊老师，不辜负为这册书稿等待了我三年的编辑——源创图书的王玉梅老师。

  我特地在二〇二〇年教师节这一天写下这篇后记,当作一份礼物,送给自己,送给你,送给每一位相逢在文字里的朋友……

图书在版编目（CIP）数据

我就想静静地教书／顾文艳著．——北京：中国人民大学出版社，2021.8
ISBN 978-7-300-29755-2

Ⅰ.①我… Ⅱ.①顾… Ⅲ.①教育工作—文集 Ⅳ.①G4-53

中国版本图书馆CIP数据核字（2021）第160413号

我就想静静地教书
顾文艳　著
Wo Jiu Xiang Jingjing de Jiaoshu

出版发行	中国人民大学出版社		
社　　址	北京中关村大街31号	邮政编码	100080
电　　话	010-62511242（总编室）		010-62511770（质管部）
	010-82501766（邮购部）		010-62514148（门市部）
	010-62515195（发行公司）		010-62515275（盗版举报）
网　　址	http://www.crup.com.cn		
经　　销	新华书店		
印　　刷	北京华宇信诺印刷有限公司		
规　　格	168 mm×239 mm　16开本	版　次	2021年8月第1版
印　　张	13.5　插页1	印　次	2022年6月第2次印刷
字　　数	190 000	定　价	58.00元

版权所有　　侵权必究　　印装差错　　负责调换